ENSEIGNEMENT scientifique 1re

Coordination
Béatrice Salviat

Auteurs
Anne Chestier-Charlery
Christian-Jacques Cubells
Marie-Cécile Darmon
Alain Gaudard
Sébastien Gruat
Xavier Horgues

Le livre du professeur

MAGNARD

Édition : Malvina Juhel, François Edom
Responsable éditorial : Adrien Fuchs
Maquette de couverture : Primo&Primo
Mise en pages et schémas : Nord Compo

SOMMAIRE

Programme d'enseignement scientifique de première générale

PRÉAMBULE

L'ensemble des disciplines scientifiques concourt à la compréhension du monde, de son organisation, de son fonctionnement et des lois qui le régissent. Elles permettent aussi de maîtriser les outils et technologies proprement humains. L'histoire des sciences raconte une aventure de l'esprit humain, lancé dans une exploration du monde (la science pour savoir) et dans une action sur le monde (la science pour faire).

Le développement des sciences et des technologies a profondément modifié les conditions de vie des êtres humains et les sociétés dans lesquelles ils vivent. Cela s'est traduit par d'importants progrès, dans les domaines de l'alimentation, de la santé, de la communication, des transports, etc. Grâce à se s inventions, l'être humain a désormais les moyens d'agir sur son environnement immédiat. Par son impact, l'espèce humaine modifie également les équilibres à l'échelle globale de la planète. La présence humaine modifie le climat ; ses déchets s'accumulent et son utilisation des ressources naturelles est massive. Si l'espèce humaine n'est pas la première forme de vie à transformer la planète, c'est sans aucun doute la première qui s'en préoccupe.

Grâce, notamment, à l'approche scientifique, l'être humain dispose des outils intellectuels nécessaires pour devenir un acteur conscient et responsable de la relation au monde et de la transformation des sociétés. L'approche scientifique nourrit le jugement critique et rencontre des préoccupations d'ordre éthique. Ainsi, c'est de façon rationnellement éclairée que chacun doit être en mesure de participer à la prise de décisions, individuelles et collectives, locales ou globales.

La science construit peu à peu un corpus de connaissances grâce à des méthodes spécifiques : elle élabore un ensemble de théories, établit des lois, invente des concepts, découvre des mécanismes ; cet ensemble se perfectionne par la confrontation à des faits nouvellement connus, souvent en lien avec l'évolution des techniques. Le savoir scientifique est une construction collective qui a une histoire. Il est fondé sur le raisonnement rationnel et la recherche de causes matérielles ; il se développe parfois en réfutation des intuitions premières au-delà desquelles le scientifique doit s'aventurer.

La compréhension de l'histoire des savoirs scientifiques et de leur mode de construction, la pratique véritable d'une démarche scientifique (y compris dans sa dimension concrète) développent des qualités de l'esprit utiles à tous. Ainsi, en fréquentant la science, chacun développe-t-il son intelligence, sa curiosité, sa raison, son humilité devant les faits et les idées pour enrichir son savoir.

Le but essentiel de l'enseignement scientifique est de dispenser une formation scientifique générale pour tous les élèves, tout en offrant un point d'appui pour ceux qui poursuivent et veulent poursuivre des études scientifiques. Il ne vise pas à construire un savoir encyclopédique mais cherche plutôt à atteindre trois buts intimement liés :

- → **contribuer à faire de chaque élève une personne lucide, consciente de ce qu'elle est, de ce qu'est le monde et de ce qu'est sa relation au monde ;**
- → **contribuer à faire de chaque élève un citoyen ou une citoyenne responsable, qui connaît les conséquences de ses actions sur le monde et dispose des outils nécessaires pour les contrôler ;**
- → **contribuer au développement en chaque élève d'un esprit rationnel, autonome et éclairé, capable d'exercer une analyse critique face aux fausses informations et aux rumeurs.**

PROGRAMME

Pour atteindre les objectifs définis en préambule, ce programme précise d'une part des objectifs généraux de formation et présente d'autre part un ensemble d'objectifs thématiques dont les contenus sont largement interdisciplinaires.

Les premiers ont pour but d'aider les élèves à cerner ce que la connaissance scientifique a de spécifique, dans ses pratiques, dans ses méthodes d'élaboration et dans ses enjeux de société. Les objectifs thématiques visent à consolider la culture scientifique des élèves tout en leur fournissant les éléments d'une pratique autonome du raisonnement scientifique dans des contextes variés.

Ces deux aspects sont complémentaires. Les professeurs décident comment satisfaire aux objectifs de formation générale en traitant les contenus de chaque thème. Ils doivent veiller à respecter un juste équilibre entre ces deux composantes de l'enseignement.

Les objectifs généraux de formation et les suggestions pédagogiques qui suivent concernent les deux années du cycle terminal dont les programmes constituent un ensemble cohérent. Certaines thématiques aux enjeux particulièrement importants (climat, énergie, biodiversité) sont abordées dans les programmes des deux années du cycle terminal.

Objectifs généraux de formation

L'enseignement scientifique cherche à développer des compétences générales par la pratique de la réflexion scientifique. **Les objectifs ci-dessous énoncés constituent une dimension essentielle de l'enseignement scientifique et ne doivent pas être négligés au profit du seul descriptif thématique.** Ils sont regroupés autour de trois idées, d'ailleurs liées entre elles.

• Comprendre la nature du savoir scientifique et ses méthodes d'élaboration

Le savoir scientifique résulte d'une construction rationnelle. Il se distingue d'une croyance ou d'une opinion. Il s'appuie sur l'analyse de faits extraits de la réalité complexe ou produits au cours d'expériences. Il cherche à expliquer la réalité par des causes matérielles.

Le savoir scientifique résulte d'une longue construction collective jalonnée d'échanges d'arguments, de controverses parfois vives. C'est lentement qu'une certitude raisonnable s'installe et se précise, au gré de la prise en compte de faits nouveaux, souvent en lien avec les progrès techniques. Ce long travail intellectuel met en jeu l'énoncé d'hypothèses dont on tire des conséquences selon un processus logique. Ces modalités sont d'ailleurs en partie variables selon les disciplines concernées.

Dans le cadre de l'enseignement scientifique, il s'agit donc, en permanence, d'associer l'acquisition de quelques savoirs et savoir-faire exigibles à la compréhension de leur nature et de leur construction.

• Identifier et mettre en œuvre des pratiques scientifiques

Au cours de son activité de production du savoir, le scientifique met en œuvre un certain nombre de pratiques qui, si elles ne sont pas spécifiques de son travail, en sont néanmoins des aspects incontournables.

Quelques mots-clés permettent de les présenter : observer, décrire, mesurer, quantifier, calculer, imaginer, modéliser, simuler, raisonner, prévoir le futur ou remonter dans le passé.

Cet enseignement contribue au développement des compétences langagières orales à travers notamment la pratique de l'argumentation. Celle-ci conduit à préciser sa pensée et à expliciter son raisonnement de manière à convaincre.

Dans le cadre de l'enseignement scientifique, il s'agit, chaque fois que l'on met en œuvre une authentique pratique scientifique, de l'expliciter et de prendre conscience de sa nature.

• Identifier et comprendre les effets de la science sur les sociétés et sur l'environnement

Les sociétés modernes sont profondément transformées par la science et ses applications technologiques. Leurs effets touchent l'alimentation (agriculture et agroalimentaire), la santé (médecine), les communications (transports, échange d'information), l'apprentissage et la réflexion (intelligence artificielle), la maîtrise des risques naturels et technologiques, la protection de l'environnement, etc.

La compréhension de ces transformations est indispensable à la prise de décision ; elle distingue l'approche purement scientifique d'autres approches (économiques, éthiques, etc.).

De même, les activités humaines exercent sur l'environnement des effets que la science permet de comprendre et de contrôler. Les conséquences de l'activité humaine sur l'environnement et leur contrôle seront particulièrement développées dans le programme de terminale.

Dans le cadre de l'enseignement scientifique, il s'agit de faire comprendre à chacun en quoi la culture scientifique est aujourd'hui indispensable pour saisir l'évolution des sociétés comme celle de l'environnement et de contrôler cette évolution.

Cet enseignement peut être également mis en relation avec le programme d'enseignement moral et civique de la classe de première qui propose des objets d'étude sur la bioéthique et sur la responsabilité environnementale.

Suggestions pédagogiques

Si les objectifs généraux ou thématiques sont clairement identifiés dans le programme, la manière de les atteindre relève de la liberté pédagogique du professeur ou de l'équipe de professeurs. Ce paragraphe ne limite nullement cette liberté pédagogique ni n'en canalise l'expression. Cependant, quelques principes pédagogiques généraux méritent d'être pris en compte pour atteindre les objectifs fixés.

• Un enseignement en prise avec le réel complexe

Le scientifique rend intelligible le monde en déchiffrant la réalité complexe, dont il extrait des éléments qu'il analyse et dont il élucide les interactions. Il est néanmoins opportun de saisir une ou des occasion(s) de montrer la complexité du réel lui-même. Une manière privilégiée de le faire consiste à travailler hors des murs de la classe ou de l'établissement (terrain naturel, laboratoire, entreprise, musée, etc.).

La prise en compte de la complexité impose aussi le croisement des approches de plusieurs disciplines ce qui se traduit par le caractère interdisciplinaire de cet enseignement (y compris en dehors du champ scientifique). La rubrique *Histoire, enjeux, débats* offre des occasions de collaborations variées.

• Une place particulière pour les mathématiques

Selon Galilée, le grand livre de la Nature est écrit en langage mathématique. C'est dans cet esprit que les mathématiques trouvent leur place dans ce programme d'enseignement scientifique. De surcroît, l'omniprésence (quoique souvent invisible) des mathématiques dans la vie quotidienne impose aujourd'hui à tout individu de disposer de savoirs et de savoir-faire mathématiques pour réussir pleinement sa vie personnelle, professionnelle et sociale. Le traitement des thèmes figurant au programme permet de présenter des méthodes, modèles et outils mathématiques utilisés pour décrire et expliquer la réalité complexe du monde, mais aussi pour prédire ses évolutions. Parallèlement, le programme offre de nombreuses occasions de confronter les élèves à une pratique effective des mathématiques dans des contextes issus d'autres disciplines. Cette pratique leur permet à la fois de consolider, dans des contextes nouveaux, des compétences de calcul, de raisonnement logique et de représentation et d'exercer leur esprit critique en interrogeant les résultats d'un modèle mathématique.

• Une place réservée à l'observation et l'expérience en laboratoire

Si des études documentaires ou la résolution d'exercices permettent la mise en œuvre d'une démarche scientifique, la pratique expérimentale des élèves est essentielle. En particulier, il est bienvenu, chaque fois que possible, de créer les conditions permettant un travail de laboratoire fondé sur diverses formes de manipulations et d'observations. Ainsi, l'élève se livre lui-même à la confrontation entre faits et idées et comprend, en la pratiquant, la construction du savoir scientifique.

• Une place importante pour l'histoire raisonnée des sciences

L'une des manières de comprendre comment se construit le savoir scientifique est de retracer le cheminement effectif de sa construction au cours de l'histoire des sciences. Il ne s'agit pas de donner à l'élève l'illusion qu'il trouve en quelques minutes ce qui a demandé le travail de nombreuses générations de chercheurs, mais plutôt, en se focalisant sur un petit nombre d'étapes bien choisies de l'histoire des sciences, de faire comprendre le rôle clé joué par certaines découvertes. Le rôle prépondérant joué parfois par tel ou tel chercheur sera souligné. Ce sera aussi l'occasion de montrer que l'histoire du savoir scientifique est une aventure humaine. Des controverses, parfois dramatiques, agitent la communauté scientifique. Ainsi, peu à peu, le savoir progresse et se précise.

• Un usage explicite des outils numériques

Des outils numériques variés trouvent des applications dans le cadre de l'enseignement scientifique : logiciels de calcul ou de simulation, environnements de programmation, logiciels tableurs, etc. Il convient d'associer leur utilisation par les élèves à la compréhension au moins élémentaire de leur nature et de leur fonctionnement.

Objectifs thématiques

La suite du programme se présente comme une succession de thèmes. Ces thèmes sont au service des trois grands objectifs de formation (comprendre la nature du savoir scientifique et ses modes d'élaboration, identifier et mettre en œuvre des pratiques scientifiques, identifier et comprendre les effets de la science sur les sociétés et l'environnement). Sa structure est explicitée ci-dessous.

La rubrique *Histoire, enjeux, débats* établit d'une part quelques éléments historiques en rapport avec la thématique et identifie d'autre part des liens entre le thème et quelques questions socialement vives (économiques, éthiques, etc.). Il est demandé que dans chaque thème, la manière d'aborder les attendus fasse une place à au moins l'un des items de cette liste. Par exemple, on peut choisir de traiter un point selon une démarche historique, mettre l'accent sur ses implications éthiques, etc.

Une disposition en colonnes indique des savoirs et savoir-faire exigibles. Ce sont des objectifs précisément identifiés (notamment en vue de l'évaluation). Ils laissent au professeur ou à l'équipe de professeurs toute latitude pour construire la démarche. Cette double colonne indique les attendus spécifiques des thèmes. L'objectif de l'enseignement est à la fois de construire ces attendus, de former l'esprit et d'atteindre les objectifs généraux listés plus haut.

La rubrique *Prérequis et limites* montre comment sont mobilisés des acquis des classes antérieures et explicite des limites pour préciser les exigences du programme.

1 - Une longue histoire de la matière

L'immense diversité de la matière dans l'Univers se décrit à partir d'un petit nombre de particules élémentaires qui se sont organisées de façon hiérarchisée, en unités de plus en plus complexes, depuis le *Big Bang* jusqu'au développement de la vie.

Histoire, enjeux et débats
De Fraunhofer à Bethe : les éléments dans les étoiles.
Hooke, Schleiden et Schwann : de la découverte de la cellule à la théorie cellulaire.
Becquerel, Marie Curie : la découverte de la radioactivité, du radium.
Industrie des métaux et du verre.

1.1 - Un niveau d'organisation : les éléments chimiques

Comment, à partir du seul élément hydrogène, la diversité des éléments chimiques est-elle apparue ? Aborder cette question nécessite de s'intéresser aux noyaux atomiques et à leurs transformations. Cela fournit l'occasion d'introduire un modèle mathématique d'évolution discrète.

Savoirs	**Savoir-faire**
Les noyaux des atomes de la centaine d'éléments chimiques stables résultent de réactions nucléaires qui se produisent au sein des étoiles à partir de l'hydrogène initial. La matière connue de l'Univers est formée principalement d'hydrogène et d'hélium alors que la Terre est surtout constituée d'oxygène, d'hydrogène, de fer, de silicium, de magnésium et les êtres vivants de carbone, hydrogène, oxygène et azote.	Produire et analyser différentes représentations graphiques de l'abondance des éléments chimiques (proportions) dans l'Univers, la Terre, les êtres vivants. L'équation d'une réaction nucléaire stellaire étant fournie, reconnaître si celle-ci relève d'une fusion ou d'une fission.
Certains noyaux sont instables et se désintègrent (radioactivité). L'instant de désintégration d'un noyau radioactif individuel est aléatoire. La demi-vie d'un noyau radioactif est la durée nécessaire pour que la moitié des noyaux initialement présents dans un échantillon macroscopique se soit désintégrée. Cette demi-vie est caractéristique du noyau radioactif.	Calculer le nombre de noyaux restants au bout de n demi-vies Estimer la durée nécessaire pour obtenir une certaine proportion de noyaux restants. Utiliser une représentation graphique pour déterminer une demi-vie. Utiliser une décroissance radioactive pour une datation (exemple du carbone 14).

Prérequis et limites
Les notions, déjà connues, de noyaux, d'atome, d'élément chimique et de réaction nucléaire sont remobilisées. Aucune connaissance n'est exigible sur les différents types de radioactivité.
L'évolution du nombre moyen de noyaux restants au cours d'une désintégration radioactive se limite au cas de durées discrètes, multiples entiers de la demi-vie. Aucun formalisme sur la notion de suite n'est exigible.
Les fonctions exponentielle et logarithme ne font pas partie des connaissances attendues.

1.2 - Des édifices ordonnés : les cristaux

L'organisation moléculaire étant déjà connue, ce thème aborde une autre forme d'organisation de la matière : l'état cristallin (qui revêt une importance majeure, tant pour la connaissance de la nature - minéraux et roches, squelettes, etc. - que pour ses applications techniques). La compréhension de cette organisation au travers des exemples choisis mobilise des connaissances sur la géométrie du cube. Elle fournit l'occasion de développer des compétences de représentation dans l'espace et de calculs de volumes.

Savoirs	**Savoir-faire**
Le chlorure de sodium solide (présent dans les roches, ou issu de l'évaporation de l'eau de mer) est constitué d'un empilement régulier d'ions : c'est l'état cristallin.	Utiliser une représentation 3D informatisée du cristal de chlorure de sodium. Relier l'organisation de la maille au niveau microscopique à la structure du cristal au niveau macroscopique.
Plus généralement, une structure cristalline est définie par une maille élémentaire répétée périodiquement. Un type cristallin est défini par la forme géométrique de la maille, la nature et la position dans cette maille des entités qui le constituent. Les cristaux les plus simples peuvent être décrits par une maille cubique que la géométrie du cube permet de caractériser. La position des entités dans cette maille distingue les réseaux cubique simple et cubique à faces centrées. La structure microscopique du cristal conditionne certaines de ses propriétés macroscopiques, dont sa masse volumique.	Pour chacun des deux réseaux (cubique simple et cubique à faces centrées) : - représenter la maille en perspective cavalière ; - calculer la compacité dans le cas d'entités chimiques sphériques tangentes ; - dénombrer les atomes par maille et calculer la masse volumique du cristal.
Un composé de formule chimique donnée peut cristalliser sous différents types de structures qui ont des propriétés macroscopiques différentes. Ainsi les minéraux se caractérisent par leur composition chimique et leur organisation cristalline. Une roche est formée de l'association de cristaux d'un même minéral ou de plusieurs minéraux. Des structures cristallines existent aussi dans les organismes biologiques (coquille, squelette, calcul rénal, etc.).	Distinguer, en termes d'échelle et d'organisation spatiale, maille, cristal, minéral, roche. Les identifier sur un échantillon ou une image.
Dans le cas des solides amorphes, l'empilement d'entités se fait sans ordre géométrique. C'est le cas du verre. Certaines roches volcaniques contiennent du verre, issu de la solidification très rapide d'une lave.	Mettre en relation la structure amorphe ou cristalline d'une roche et les conditions de son refroidissement.

Prérequis et limites
Les notions, déjà connues, d'entité chimique, de roche et de minéral sont remobilisées. L'objectif est de présenter l'organisation de la matière propre à l'état cristallin à partir d'exemples. La diversité des systèmes cristallins et des minéraux est seulement évoquée. La description de l'état cristallin est l'occasion d'utiliser les mathématiques (géométrie du cube et de la sphère, calculs de volumes, proportions) pour décrire la nature et quantifier ses propriétés.

1.3 - Une structure complexe : la cellule vivante

Dans le monde, la matière s'organise en structure d'ordre supérieur à l'échelle moléculaire. Un exemple est ici proposé : la structure cellulaire.

Savoirs	**Savoir-faire**
La découverte de l'unité cellulaire est liée à l'invention du microscope. L'observation de structures semblables dans de très nombreux organismes a conduit à énoncer le concept général de cellule et à construire la théorie cellulaire. Plus récemment, l'invention du microscope électronique a permis l'exploration de l'intérieur de la cellule et la compréhension du lien entre échelle moléculaire et cellulaire.	Analyser et interpréter des documents historiques relatifs à la théorie cellulaire. Situer les ordres de grandeur : atome, molécule, organite, cellule, organisme.
La cellule est un espace séparé de l'extérieur par une membrane plasmique. Cette membrane est constituée d'une bicouche lipidique et de protéines. La structure membranaire est stabilisée par le caractère hydrophile ou lipophile de certaines parties des molécules constitutives.	Relier l'échelle de la cellule et celle de la molécule (exemple de la membrane plasmique). Schématiser la membrane plasmique à partir de molécules dont les parties hydrophile/lipophile sont identifiées.

2 - Le Soleil, notre source d'énergie

La Terre reçoit l'essentiel de son énergie du Soleil. Cette énergie conditionne la température de surface de la Terre et détermine climats et saisons. Elle permet la photosynthèse des végétaux et se transmet par la nutrition à d'autres êtres vivants.

Histoire, enjeux, débats

Repères historiques sur l'étude du rayonnement thermique (Stefan, Boltzmann, Planck, Einstein).
Le discours sur l'énergie dans la société : analyse critique du vocabulaire d'usage courant (énergie fossile, énergie renouvelable, etc.).
L'albédo terrestre : un paramètre climatique majeur.
Distinction météorologie/climatologie.

2.1 - Le rayonnement solaire

Le soleil transmet à la Terre de l'énergie par rayonnement.

Savoirs	**Savoir-faire**
L'énergie dégagée par les réactions de fusion de l'hydrogène qui se produisent dans les étoiles les maintient à une température très élevée. Du fait de l'équivalence masse-énergie (relation d'Einstein), ces réactions s'accompagnent d'une diminution de la masse solaire au cours du temps. Comme tous les corps matériels, les étoiles et le Soleil émettent des ondes électromagnétiques et donc perdent de l'énergie par rayonnement. Le spectre du rayonnement émis par la surface (modélisé par un spectre de *corps noir*) dépend seulement de la température de surface de l'étoile. La longueur d'onde d'émission maximale est inversement proportionnelle à la température absolue de la surface de l'étoile (loi de Wien).	Déterminer la masse solaire transformée chaque seconde en énergie à partir de la donnée de la puissance rayonnée par le Soleil. À partir d'une représentation graphique du spectre d'émission du corps noir à une température donnée, déterminer la longueur d'onde d'émission maximale. Appliquer la loi de Wien pour déterminer la température de surface d'une étoile à partir de la longueur d'onde d'émission maximale.

La puissance radiative reçue du Soleil par une surface plane est proportionnelle à l'aire de la surface et dépend de l'angle entre la normale à la surface et la direction du Soleil. De ce fait, la puissance solaire reçue par unité de surface terrestre dépend : - de l'heure (variation diurne) ; - du moment de l'année (variation saisonnière) ; - de la latitude (zonation climatique).	Sur un schéma, identifier les configurations pour lesquelles la puissance reçue par une surface est maximale ou minimale. Analyser, interpréter et représenter graphiquement des données de températures. Calculer des moyennes temporelles de températures. Comparer des distributions temporelles de températures

Prérequis et limites

Les notions de base concernant l'énergie et la puissance, déjà connues, sont remobilisées.
La loi de Planck n'est pas explicitée : toutes les analyses spectrales sont réalisées à partir de représentations graphiques.
La relation entre la température absolue, exprimée en kelvin, et la température en degrés Celsius est fournie, ainsi que la loi de Wien.

2.2 - Le bilan radiatif terrestre

La Terre reçoit le rayonnement solaire et émet elle-même un rayonnement. Le bilan conditionne le milieu de vie. La compréhension de cet équilibre en classe de première permettra d'aborder sa perturbation par l'humanité en terminale.

Savoirs	**Savoir-faire**
La proportion de la puissance totale, émise par le Soleil et atteignant la Terre, est déterminée par son rayon et sa distance au Soleil. Une fraction de cette puissance, quantifiée par l'albédo terrestre moyen, est diffusée par la Terre vers l'espace, le reste est absorbé par l'atmosphère, les continents et les océans.	En s'appuyant sur un schéma, calculer la proportion de la puissance émise par le Soleil qui atteint la Terre. L'albédo terrestre étant donné, déterminer la puissance totale reçue par le sol de la part du Soleil.
Le sol émet un rayonnement électromagnétique dans le domaine infra-rouge (longueur d'onde voisine de 10 µm) dont la puissance par unité de surface augmente avec la température. Une partie de cette puissance est absorbée par l'atmosphère, qui elle-même émet un rayonnement infrarouge vers le sol et vers l'espace (effet de serre). La puissance reçue par le sol en un lieu donné est égale à la somme de la puissance reçue du Soleil et de celle reçue de l'atmosphère. Ces deux dernières sont du même ordre de grandeur. Un équilibre, qualifié de *dynamique*, est atteint lorsque le sol reçoit au total une puissance moyenne égale à celle qu'il émet. La température moyenne du sol est alors constante.	Commenter la courbe d'absorption de l'atmosphère terrestre en fonction de la longueur d'onde Représenter sur un schéma les différents rayonnements reçus et émis par le sol. Expliquer qualitativement l'influence des différents facteurs (albedo, effet de serre) sur la température terrestre moyenne.

Prérequis et limites

Les notions de longueur d'onde du rayonnement et de spectre visible, déjà connues, sont remobilisées.
L'objectif de ce paragraphe est de comprendre qualitativement comment le bilan énergétique de la Terre conditionne sa température.
La théorie de l'effet de serre et la connaissance de la loi de Stefan-Boltzmann ne sont pas exigibles.
Le réchauffement climatique global associé au renforcement de l'effet de serre sera étudié en détail en terminale, mais il peut être utilement mentionné.

2.3 - Une conversion biologique de l'énergie solaire : la photosynthèse

L'utilisation par la photosynthèse d'une infime partie de l'énergie solaire reçue par la planète fournit l'énergie nécessaire à l'ensemble des êtres vivants (à l'exception de certains milieux très spécifiques non évoqués dans ce programme).

Savoirs	**Savoir-faire**
Une partie du rayonnement solaire absorbé par les organismes chlorophylliens permet la synthèse de matière organique à partir d'eau, de sels minéraux et de dioxyde de carbone (photosynthèse). À l'échelle de la planète, les organismes chlorophylliens utilisent pour la photosynthèse environ 0,1% de la puissance solaire totale disponible. À l'échelle de la feuille (pour les plantes), la photosynthèse utilise une très faible fraction de la puissance radiative reçue, le reste est soit diffusé, soit transmis, soit absorbé (échauffement et évapo- transpiration). La photosynthèse permet l'entrée dans la biosphère de matière minérale stockant de l'énergie sous forme chimique. Ces molécules peuvent être transformées par respiration ou fermentation pour libérer l'énergie nécessaire au fonctionnement des êtres vivants.	Recenser, extraire et organiser des informations pour prendre conscience de l'importance planétaire de la photosynthèse. Comparer les spectres d'absorption et d'action photosynthétique d'un végétal. Représenter sur un schéma les différents échanges d'énergie au niveau d'une feuille.
À l'échelle des temps géologiques, une partie de la matière organique s'accumule dans les sédiments puis se transforme en donnant des combustibles fossiles : gaz, charbon, pétrole.	À partir de l'étude d'un combustible fossile ou d'une roche de son environnement, discuter son origine biologique.

Prérequis et limites

Les notions de biologie et géologie utiles à ce paragraphe, déjà connues, sont remobilisées (photosynthèse, respiration, fermentation, sédimentation, combustible fossile). Sans les approfondir, il s'agit de montrer comment elles sont utiles pour comprendre les flux d'énergie à différentes échelles.
Aucun développement sur les mécanismes cellulaires et moléculaires n'est exigible.

2.4 - Le bilan thermique du corps humain

La température du corps est stable. Cette stabilité résulte d'un ensemble de flux présentés ici.

Savoirs	**Savoir-faire**
La température du corps reste stable parce que l'énergie qu'il libère est compensée par l'énergie dégagée par la respiration cellulaire ou les fermentations. Globalement, la puissance thermique libérée par un corps humain dans les conditions de vie courante, au repos, est de l'ordre de 100 W.	Représenter sur un schéma qualitatif les différents échanges d'énergie entre l'organisme et le milieu extérieur. Utiliser des données quantitatives sur l'apport énergétique d'aliments dans un bilan d'énergie correspondant à des activités variées.

Prérequis et limites

Les notions de conservation et de conversion d'énergie, déjà connues, sont remobilisées. La respiration et le rôle énergétique des aliments, déjà connus, sont remobilisés.
Aucun développement n'est attendu concernant les mécanismes cellulaires et moléculaires.

3 - La Terre, un astre singulier

La Terre, singulière parmi un nombre gigantesque de planètes, est un objet d'étude ancien. Les évidences apparentes et les récits non scientifiques ont d'abord conduit à de premières représentations. La compréhension scientifique de sa forme, son âge et son mouvement résulte d'un long cheminement, émaillé de controverses.

Histoire, enjeux et débats

L'histoire de la mesure du méridien terrestre par Ératosthène (et les hypothèses d'Anaxagore).
L'histoire de la mesure du méridien terrestre par Delambre et Méchain (détermination de la longueur du méridien reliant Dunkerque à Barcelone).
Histoire de la définition du mètre.
Quelques grandes étapes de l'étude de l'âge de la Terre : Buffon, Darwin, Kelvin, Rutherford.
Modalités de la construction d'une approche scientifique d'une question controversée pour aboutir à un résultat stabilisé.
Grandes étapes de la controverse sur l'organisation du système solaire : Ptolémée, Copernic, Galilée, Kepler, Tycho Brahe, Newton.

3.1 - La forme de la Terre

L'environnement « plat » à notre échelle de perception cache la forme réelle de la Terre, dont la compréhension résulte d'une longue réflexion. Au-delà de la dimension historique et culturelle, la mise en œuvre de différentes méthodes de calcul de longueurs à la surface de la Terre permet de développer des compétences mathématiques de calcul et de représentation et invite à exercer un esprit critique sur les différents résultats obtenus, les approximations réalisées et les limites d'un modèle.

Savoirs	Savoir-faire
Dès l'Antiquité, des observations de différentes natures ont permis de conclure que la Terre était sphérique, alors même que, localement, elle apparaît plane dans la plupart des expériences quotidiennes. Historiquement, des méthodes géométriques ont permis de calculer la longueur d'un méridien (environ 40 000 km) à partir de mesures d'angles ou de longueurs : méthodes d'Ératosthène et de triangulation plane.	Calculer la longueur du méridien terrestre par la méthode d'Ératosthène. Calculer une longueur par la méthode de triangulation utilisée par Delambre et Méchain. Calculer le rayon de la Terre à partir de la longueur du méridien.
On repère un point à la surface de la Terre par deux coordonnées angulaires, sa latitude et sa longitude. Le plus court chemin entre deux points à la surface de la Terre est l'arc du grand cercle qui les relie.	Calculer la longueur d'un arc de méridien et d'un arc de parallèle. Comparer, à l'aide d'un système d'information géographique, les longueurs de différents chemins reliant deux points à la surface de la Terre.

Prérequis et limites

La connaissance de la loi des sinus $\left(\frac{a}{\sin \hat{A}} = \frac{b}{\sin \hat{B}} = \frac{c}{\sin \hat{C}}\right)$ n'est pas exigible. Elle est fournie pour mettre en œuvre le principe de triangulation plane (calcul d'une longueur à partir de la mesure d'une autre longueur et de deux angles).
On admet que la longueur d'un arc de cercle est proportionnelle à l'angle qui l'intercepte. Le repérage sur une sphère, déjà connu des élèves, est remobilisé.
Le calcul de la longueur entre deux points le long d'un grand cercle n'est pas exigible.

3.2 - L'histoire de l'âge de la Terre

L'âge de la Terre est d'un ordre de grandeur sans rapport avec la vie humaine. Sa compréhension progressive met en œuvre des arguments variés.

Savoirs	Savoir-faire
Au cours de l'histoire des sciences, plusieurs arguments ont été utilisés pour aboutir à la connaissance actuelle de l'âge de la Terre : temps de refroidissement, empilements sédimentaires, évolution biologique, radioactivité. L'âge de la Terre aujourd'hui précisément déterminé est de $4{,}57.10^9$ ans.	Interpréter des documents présentant des arguments historiques utilisés pour comprendre l'âge de la Terre. Identifier diverses théories impliquées dans la controverse scientifique de l'âge de la Terre.

Prérequis et limites

L'objectif n'est pas de connaître dans le détail les arguments utilisés au cours de l'histoire des sciences, mais de savoir interpréter des données relatives à ces arguments. Il s'agit de prendre appui sur cet exemple pour montrer comment la science construit et perfectionne peu à peu sa compréhension de la nature, en exploitant des faits nouveaux apparus successivement. Il s'agit aussi de montrer qu'une question scientifique complexe est résolue grâce à la participation de plusieurs domaines de spécialité.

3.3 - La Terre dans l'Univers

Le mouvement de la Terre dans l'Univers a été l'objet de célèbres et violentes controverses. L'étude de quelques aspects de ces débats permet de comprendre la difficulté de la construction du savoir scientifique.

Savoirs	Savoir-faire
Observée dans un référentiel fixe par rapport aux étoiles, la Terre parcourt une trajectoire quasi circulaire autour du Soleil. Le passage d'une conception géocentrique à une conception héliocentrique constitue l'une des controverses majeures de l'histoire des sciences.	Interpréter des documents présentant des arguments historiques pour discuter la théorie héliocentrique.
Observée dans un référentiel géocentrique, la Lune tourne autour de la Terre sur une trajectoire quasi-circulaire. Elle présente un aspect qui varie au cours de cette rotation (phases). La Lune tourne également sur elle-même et présente toujours la même face à la Terre.	Interpréter l'aspect de la Lune dans le ciel en fonction de sa position par rapport à la Terre et au Soleil.

Prérequis et limites

L'organisation du système solaire est déjà connue. L'accent est mis ici sur la compréhension de cette organisation au cours de l'histoire des sciences et sur l'importance des controverses scientifiques concernées.

4 - Son et musique, porteurs d'information

L'être humain perçoit le monde à l'aide de signaux dont certains sont de nature sonore. De l'Antiquité jusqu'à nos jours, il a combiné les sons de manière harmonieuse pour en faire un art, la musique, qui entretient des liens privilégiés avec les mathématiques. L'informatique permet aujourd'hui de numériser les sons et la musique.
La compréhension des mécanismes auditifs s'inscrit dans une perspective d'éducation à la santé.

Histoire, enjeux, débats

L'histoire de l'analyse temps-fréquence depuis Fourier.
La controverse entre d'Alembert, Euler et Daniel Bernoulli sur le problème des cordes vibrantes.
L'histoire des gammes, de Pythagore à Bach.
Des algorithmes au cœur de la composition musicale : de l'Offrande musicale de Bach à la musique contemporaine.
Les enjeux culturels et économiques de la numérisation et de la compression des sons.
La santé auditive.

4.1 - Le son, phénomène vibratoire

La banalité du son dans l'environnement cache une réalité physique précise.

Savoirs	Savoir-faire
Un son pur est associé à un signal dépendant du temps de façon sinusoïdale. Un signal périodique de fréquence f se décompose en une somme de signaux sinusoïdaux de fréquences multiples de *f*. Le son associé à ce signal est un son composé. *f* est appelée fréquence fondamentale, les autres fréquences sont appelées harmoniques. La puissance par unité de surface transportée par une onde sonore est quantifiée par son intensité. Son niveau d'intensité sonore est exprimé en décibels selon une échelle logarithmique.	Utiliser un logiciel permettant de visualiser le spectre d'un son. Utiliser un logiciel pour produire des sons purs et composés. Relier puissance sonore par unité de surface et niveau d'intensité sonore exprimé en décibels.
Une corde tendue émet en vibrant un son composé dont la fréquence fondamentale ne dépend que de ses caractéristiques (longueur, tension, masse linéique). Dans les instruments à vent, un phénomène analogue se produit par vibration de l'air dans un tuyau.	Relier qualitativement la fréquence fondamentale du signal émis et la longueur d'une corde vibrante.

Prérequis et limites

Les notions de son et de fréquence, déjà connues des élèves, sont remobilisées.
La sinusoïde est définie à partir de sa représentation graphique. Aucune construction mathématique de la fonction n'est attendue.
La formule donnant la fréquence fondamentale d'une corde vibrante en fonction de ses caractéristiques n'est pas exigible.

4.2 - La musique ou l'art de faire entendre les nombres

Comment l'analyse mathématique du phénomène vibratoire du son aboutit-elle à une production artistique ?
La musique et les mathématiques sont deux langages universels. Les Grecs anciens les ont dotés d'une origine commune puisque la théorie pythagoricienne des proportions avait pour but de percer les secrets de l'harmonie musicale. Depuis, les évolutions de la musique et des mathématiques se sont enrichies mutuellement.

Savoirs	**Savoir-faire**
En musique, un intervalle entre deux sons est défini par le rapport (et non la différence) de leurs fréquences fondamentales. Deux sons dont les fréquences sont dans le rapport 2/1 correspondent à une même note, à deux hauteurs différentes. L'intervalle qui les sépare s'appelle une octave.	
Une gamme est une suite finie de notes réparties sur une octave. Dans l'Antiquité, la construction des gammes était basée sur des fractions simples, (2/1, 3/2, 4/3, etc.). En effet, des sons dont les fréquences sont dans ces rapports simples étaient alors considérés comme les seuls à être consonants. Une quinte est un intervalle entre deux fréquences de rapport 3/2. Les gammes dites de Pythagore sont basées sur le cycle des quintes. Pour des raisons mathématiques, ce cycle des quintes ne « reboucle » jamais sur la note de départ. Cependant, les cycles de 5, 7 ou 12 quintes « rebouclent » presque. Pour les gammes associées, l'identification de la dernière note avec la première impose que l'une des quintes du cycle ne corresponde pas exactement à la fréquence 3/2.	Calculer des puissances et des quotients en lien avec le cycle des quintes. Mettre en place un raisonnement mathématique pour prouver que le cycle des quintes est infini.
Les intervalles entre deux notes consécutives des gammes dites de Pythagore ne sont pas égaux, ce qui entrave la transposition. La connaissance des nombres irrationnels a permis, au XVIIe siècle, de construire des gammes à intervalles égaux.	Utiliser la racine douzième de 2 pour partager l'octave en douze intervalles égaux.

Prérequis et limites

La construction des gammes dites de Pythagore s'appuie sur des connaissances mathématiques acquises au collège sur les fractions et les puissances et permet de les mobiliser dans un contexte artistique. L'introduction des gammes « au tempérament égal » permet de comprendre en quoi la découverte des nombres irrationnels a des applications en dehors du champ mathématique.
La racine douzième de 2 est introduite par analogie avec la racine carrée, en lien avec l'utilisation de la calculatrice.

4.3 - Le son, une information à coder

Le son, vibration de l'air, peut être enregistré sur un support informatique. Les techniques numériques ont mis en évidence un nouveau type de relations entre les sciences et les sons, le processus de numérisation dérivant lui-même de théories mathématiques et informatiques.

Savoirs	Savoir-faire
Pour numériser un son, on procède à la discrétisation du signal analogique sonore (échantillonnage et quantification). Plus la fréquence d'échantillonnage est élevée et la quantification est fine, plus la numérisation est fidèle, mais plus la taille du fichier audio est grande. La reproduction fidèle du signal analogique nécessite une fréquence d'échantillonnage au moins double de celle du son.	Justifier le choix des paramètres de numérisation d'un son. Estimer la taille d'un fichier audio.
La compression consiste à diminuer la taille d'un fichier afin de faciliter son stockage et sa transmission. Les techniques de compression spécifiques au son, dites « avec perte d'information », éliminent les informations sonores auxquelles l'oreille est peu sensible.	Calculer un taux de compression. Comparer des caractéristiques et des qualités de fichiers audio compressés.

Prérequis et limites

L'étude de la numérisation du son s'appuie sur les connaissances acquises dans l'enseignement « Sciences numériques et technologie » de seconde en matière de numérisation d'images.

4.4 - Entendre la musique

L'air qui vibre n'est musique que parce que notre oreille l'entend et que notre cerveau la perçoit comme telle. Mais l'excès de sons, même s'il est musical, est une forme de perturbation de l'environnement.

Savoirs	Savoir-faire
L'oreille externe canalise les sons du milieu extérieur vers le tympan. Cette membrane vibrante transmet ces vibrations jusqu'à l'oreille interne par l'intermédiaire de l'oreille moyenne.	Relier l'organisation de l'oreille externe et de l'oreille moyenne à la réception et la transmission de la vibration sonore.
L'être humain peut percevoir des sons de niveaux d'intensité approximativement compris entre 0 et 120 dB. Les sons audibles par les humains ont des fréquences comprises entre 20 et 20 000 Hz. Dans l'oreille interne, des structures cellulaires (cils vibratiles) entrent en résonance avec les vibrations reçues et les traduisent en un message nerveux qui se dirige vers le cerveau. Les cils vibratiles sont fragiles et facilement endommagés par des sons trop intenses. Les dégâts sont alors irréversibles et peuvent causer une surdité.	Relier la structure des cellules ciliées à la perception du son et à la fragilité du système auditif. Relier l'intensité du son au risque encouru par l'oreille interne.
Des aires cérébrales spécialisées reçoivent les messages nerveux auditifs. Certaines permettent, après apprentissage, l'interprétation de l'univers sonore (parole, voix, musique, etc.).	Interpréter des données d'imagerie cérébrale relatives au traitement de l'information sonore.
Prérequis et limites La connaissance approfondie de la physiologie de l'audition n'est pas l'objectif du programme. En particulier, les modalités de transduction de la vibration auditive en message nerveux ne sont pas exigibles. Il s'agit simplement de présenter dans ses grandes lignes le passage du phénomène physique du son à la sensibilité auditive consciente, en faisant apparaître les rôles respectifs de l'oreille et du cerveau.	

5 - Projet expérimental et numérique

Le projet s'articule autour de la mesure et des données qu'elle produit, qui sont au cœur des sciences expérimentales. L'objectif est de confronter les élèves à la pratique d'une démarche scientifique expérimentale, de l'utilisation de matériels (capteurs et logiciels) à l'analyse critique des résultats.

Le projet expérimental et numérique comporte trois dimensions :

- utilisation d'un capteur éventuellement réalisé en classe ;
- acquisition numérique de données ;
- traitement mathématique, représentation et interprétation de ces données.

Selon les projets, l'une ou l'autre de ces dimensions peut être plus ou moins développée.

L'objet d'étude peut être choisi librement, en lien avec le programme ou non. Il s'inscrit éventuellement dans le cadre d'un projet de classe ou d'établissement. Ce travail se déroule sur une douzaine d'heures, contiguës ou réparties au long de l'année. Il s'organise dans des conditions matérielles qui permettent un travail pratique effectif en petits groupes d'élèves.

La dimension numérique repose sur l'utilisation de matériels (capteur éventuellement associé à un microcontrôleur) et de logiciels (tableur, environnement de programmation).

Prérequis et limites

Ce projet remobilise certains acquis des classes antérieures : mesure et incertitudes, manipulation de capteurs et microcontrôleurs, données structurées et leur traitement, information chiffrée et statistique descriptive, utilisation d'un tableur et d'un environnement de programmation. L'objectif n'est pas d'introduire des notions nouvelles.

CHAPITRE 1 Un niveau d'organisation : les éléments chimiques

Manuel p. 8-25

I. Introduction

Commentaires pédagogiques

Dès la fin du cycle 3, les enseignements de Physique Chimie et de SVT abordent des questions liées à la matière, inerte ou vivante. À la lumière de l'histoire des sciences, ces questions s'enrichissent ici d'une double approche, spatiale et temporelle >Rabats.

La nucléosynthèse stellaire, étudiée dans ce chapitre, est l'occasion pour les élèves de mieux comprendre la formation de l'Univers, l'origine de l'abondance des éléments chimiques dans notre système solaire et la sélection observée chez les êtres vivants.

Les notions d'isotopes et de réactions nucléaires, vues en classe de Seconde, sont réinvesties pour mieux comprendre la datation absolue de matériaux, d'objets et d'événements (et plus tard d'accéder à l'âge de la Terre >Chapitre 9 p. 154). Aborder la datation radiométrique par l'évolution du nombre moyen de noyaux restants au cours d'une désintégration radioactive dans le cas des durées multiples entiers de la demi-vie permet de s'affranchir des fonctions exponentielles et logarithme qui ne sont pas au programme.

Aspect historique : Dans le manuel, la contribution historique d'Henri Becquerel, Pierre et Marie Curie dans la découverte de la radioactivité est évoquée aussi bien dans l'activité 1 que dans la rubrique « Sciences en Perspective ». La découverte de la radioactivité artificielle par Irène Curie (fille de Pierre et Marie Curie) et son époux Frédéric Joliot sont évoqués dans les exercices 14 et 16.

Objectifs

- → **Interpréter des graphiques sur l'abondance des éléments chimiques**
- → **Distinguer les réactions nucléaires de fusion et de fission**
- → **Connaître l'évolution du nombre de noyaux radioactifs dans le temps**
- → **Effectuer une datation par décroissance radioactive**

BIBLIOGRAPHIE

Ouverture littéraire

Primo Lévi (1919-1987) est un chimiste principalement connu pour être l'auteur de *Si c'est un Homme* dans lequel il relate son emprisonnement dans le camp de concentration d'Auschwitz pendant la Seconde Guerre mondiale. Le livre *Le Système périodique* publié en 1975 est composé de douze chapitres portant chacun le nom d'un élément chimique (azote, plomb, nickel, phosphore, soufre, etc.), des bribes d'autobiographie ou des saynètes inventées. Le chapitre sur le carbone est particulièrement enthousiasmant : il raconte le périple d'un atome qui, à la suite du processus de photosynthèse, passe de l'air dans le raisin, puis dans le vin et suit une destinée passionnante ouvrant sur le cycle de la matière dans notre environnement.

- LÉVI (Primo), *Le Système périodique*, Albin Michel, Paris, 2000.

Marie Curie (1867-1934) est une scientifique exceptionnelle détentrice de deux prix Nobel, l'un de chimie et l'autre de physique. Sa vie a inspiré de nombreuses biographies et fictions documentaires.

- GIROUD (Françoise), *Une femme honorable : Marie Curie, une vie*, Fayard, Paris, 1991.
- ENQUIST (Per Olov), *Blanche et Marie*, Actes Sud, Arles, 2008.

Ouvrages de référence

- BICO (José), GUYON (Étienne), REYSSAT (Étienne), *Du merveilleux caché dans le quotidien*, Flammarion, Paris, 2018.
- GUYON (Étienne), PEDREGOSA (Alice), SALVIAT (Béatrice), *Matière et Matériaux : de quoi est fait le monde ?*, Belin, Paris, 2010.
- THÉVENIN (Frédéric), *Nucléosynthèse et abondance dans l'Univers*, Éditions Cépaduès, Toulouse, 1998.
- MILLER (Frédéric, sous la direction de), *Datation : Histoire, Fossile, Archéologie, Datation absolue, Temps, Datation relative, Datation radiométrique, Géologie, Paléontologie*, Alphascript Publishing, 2010.

Issus d'internet

- Conférences de Sylvia Ekström : https://www.youtube.com/watch?v=bOFZRVNpM64
- Vidéos « Science étonnante », David Louapre et plus particulièrement « Plongée au cœur des étoiles », 2018 : https://www.youtube.com/watch?v=MWUEh0xqtB4&t=644s
- Document : https://www.futura-sciences.com/maison/definitions/maison-datation-carbone-14-11081/

II. Corrigés

Ouverture p. 8-9

1. Le terme de nébuleuse est utilisé jusqu'au début du XXe siècle pour désigner tout objet céleste d'aspect diffus. Depuis 1920 et les observations d'Edwin Hubble, une nébuleuse est définie comme étant un nuage de gaz constitué principalement d'hydrogène. Lieu de la formation des étoiles, elle symbolise comme « les Piliers de la création » la genèse de la vie. C'est en 1948 que l'astronome anglais Fred Hoyle élabore la première théorie selon laquelle tous les éléments chimiques sont issus des étoiles.

2. Quand le physicien Henri Becquerel fait la découverte de la radioactivité, qui aurait pu prédire que cette découverte nous en apprendrait sur l'histoire de l'humanité ? Quelle durée nous sépare de ces hommes qui vivaient dans la grotte de Chauvet sur le plateau de Razal en Ardèche ? La datation radiométrique, fondée sur la désintégration de noyaux atomiques instables, nous permet d'y répondre.

Activités p. 10-17

Activité 1

- **Durée estimée :** 40 min
- **Objectif :** Découvrir la propriété de certains atomes à émettre des rayonnements spontanément et comprendre la nature de ces rayonnements.

1. Dans le **doc. 1**, il est précisé que les taches sur les plaques photographiques s'observent avec n'importe quel sel d'uranium, même avec de l'uranium métallique. Le phénomène de radioactivité ne dépend que de la présence de cet élément chimique et non de l'état physique ou chimique dans lequel il se trouve.

2. Grâce à leur appareil (électromètre), Pierre et Marie Curie peuvent quantifier le phénomène de radioactivité et ainsi comparer l'activité des différents éléments. D'autre part, ils ont découvert que la propriété de la radioactivité n'était pas uniquement liée à l'uranium.

3. La désintégration de l'uranium 238 aboutit au thorium 234 : une particule comptant 4 nucléons dont 2 protons a dû être émise (particule α : hélium 4). La désintégration du thorium 234 aboutit au protactinium 234. Il a donc fallu émettre une particule ne comptant aucun nucléon et une charge électrique e^-, il s'agit donc d'un électron (particule β^-).

4. Les taches sont dues à la radioactivité β. Ce n'est donc pas directement la radioactivité de l'uranium 238 qui est détectée mais la radioactivité du noyau fils de thorium 234.

5. La demi-vie du thorium 234 étant de 24,1 jours, l'intensité du rayonnement émis devrait fortement diminuer au bout d'un an, mais ces noyaux sont constamment régénérés par l'uranium 238. Or, la quantité de ces noyaux reste quasiment stable un an après puisque la demi-vie de l'uranium 238 est très supérieure à un an.

Synthèse :

La radioactivité est donc une transformation nucléaire aléatoire et spontanée qui modifie un noyau instable en un noyau différent, plus stable ou non. Elle se traduit par l'émission d'un rayonnement α, β ou γ lié à la désintégration du noyau.

Activité 2

- **Durée estimée :** 40 min
- **Consigne** : Expliquer comment les noyaux des atomes de la centaine d'éléments chimiques stables résultent de réactions nucléaires qui se produisent au sein des étoiles à partir de l'hydrogène initial.

Lors de la nucléosynthèse au sein des étoiles **(coup de pouce 1)**, les éléments chimiques sont formés par des réactions nucléaires de fusion **(coup de pouce 3)**. Pour toutes les étoiles, tout commence par la fusion de l'hydrogène **(coup de pouce 2)** en hélium qui forme un nouveau cœur qui fusionne à son tour. Le résultat des fusions successives mène à la formation du carbone et de l'oxygène pour les petites étoiles et au fer pour les étoiles super massives. La fin de vie d'une étoile super massive conduit à l'expulsion explosive gigantesque de gaz constitués d'éléments chimiques qui fusionnent à nouveau et forment les éléments chimiques au-delà du fer **(coup de pouce 4)**. Cette explosion géante est appelée supernova.

Activité 3

- **Durée estimée** : 25 min
- **Objectif :** Comparer l'abondance des éléments chimiques dans l'Univers, le globe et les êtres vivants.

1. Les docs. 1 et 2 montrent que les deux éléments chimiques ultra majoritaires dans l'Univers et dans notre système solaire sont l'hydrogène (74 % dans les deux cas) et l'hélium (24 % dans les deux cas).

2. La matière visible de l'Univers et de notre système solaire est contenue dans les étoiles à plus de 99 %. Donc l'analyse spectrale des étoiles et de notre Soleil nous conduit inévitablement à des compositions identiques entre l'Univers et le système solaire.

3. Les éléments chimiques qui composent notre planète et ses êtres vivants sont issus des étoiles.

4.

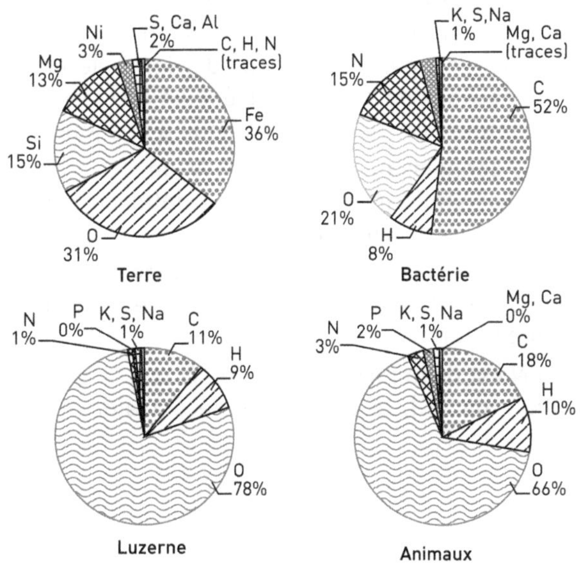

5. Dans le cas de la bactérie, la luzerne et les espèces animales, le carbone, l'hydrogène, l'oxygène et l'azote sont les éléments les plus abondants (CHON).

Synthèse :

Les éléments chimiques constituant la Terre proviennent de la nucléosynthèse stellaire. Les êtres vivants ont puisé leurs ressources sur notre planète, ce qui explique que l'on observe les mêmes éléments chimiques dans l'Univers, la Terre et les êtres vivants, même si leurs proportions sont différentes. C'est pourquoi Hubert Reeves a raison de dire que « nous sommes faits de poussières d'étoiles ».

Activité 4

- **Durée estimée :** 45 min
- **Consigne :** Expliquer comment utiliser une décroissance radioactive pour effectuer une datation au carbone 14.

Il existe plusieurs isotopes (même nombre de protons et nombre de neutrons différent) de l'élément carbone. Le ^{12}C est l'isotope stable majoritaire et le ^{14}C est l'isotope instable **(coup de pouce 1)**. La mesure de la proportion de ^{14}C dans un échantillon peut nous donner l'âge de ce dernier. En effet, le ^{14}C de l'atmosphère, qui est quasi-constant, constitue notre point de référence puisque les organismes vivants possèdent ce même taux (la chaîne alimentaire commence avec l'absorption par les plantes du $^{14}CO_2$ lors de la photosynthèse **(coup de pouce 3)**). À la mort des êtres vivants ce taux change, le ^{14}C se désintègre en ^{14}N **(coup de pouce 2)**, et à partir du temps de demi-vie du ^{14}C nous pouvons dater le temps écoulé de la mort de l'échantillon de matière organique à nos jours.

Ainsi, connaissant la quantité N de ^{14}C contenu dans l'échantillon mort, on peut dater ce dernier de deux façons **(coup de pouce 4)** :

> À l'aide de la courbe de décroissance radioactive du ^{14}C : on détermine l'antécédent de N qui nous donne le temps écoulé ;

> Si N est de la forme $N_0 / 2^n$ (où N_0 est la quantité initiale de ^{14}C), le temps écoulé est alors donné par $t = n \times T_{1/2}$.

Apprendre à apprendre p. 22

1. Des réactions de fusion nucléaire se produisent dans les étoiles. Ces dernières conduisent à la création des éléments du tableau périodique des éléments. Cependant, c'est en fin de vie qu'une étoile super massive forme les éléments chimiques plus lourds que le fer, au cours d'une explosion appelée supernova. La nucléosynthèse stellaire s'achève alors avec la fusion de ces éléments qui sont finalement expulsés partout dans l'Univers.

2. a. Des noyaux d'atomes de plus en plus lourds sont obtenus lors de réactions de fusion nucléaire.

b. Des noyaux d'atomes de plus en plus légers sont obtenus lors de réactions de fission nucléaire.

3. La variété des éléments chimiques formés dans les étoiles se retrouve en proportions variables dans les êtres vivants. Constitués de matière minérale et organique, ils contiennent principalement du carbone, de l'hydrogène, de l'oxygène et de l'azote (CHON).

S'entraîner p. 23-24

Abondance des éléments chimiques

11. 1.

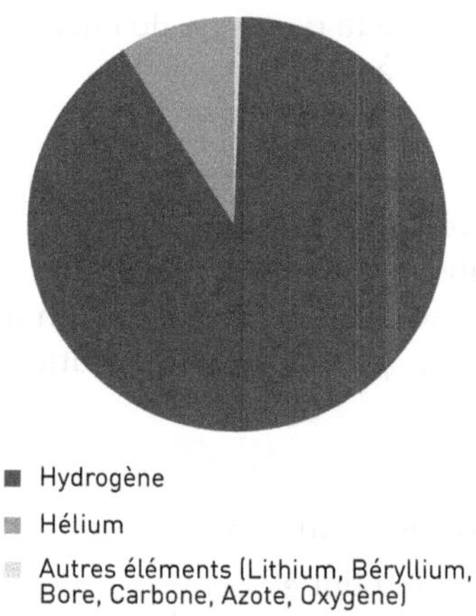

2. Il apparaît que l'Univers est majoritairement constitué d'hydrogène et d'hélium.

3. La masse de notre système solaire est approximativement celle de notre étoile et sa composition s'apparente à celle des autres étoiles.

12. 1. L'oxygène est l'élément chimique le plus abondant sur Terre.

2. Le carbone, l'hydrogène, l'oxygène et l'azote (CHON) sont les quatre éléments les plus abondants dans la matière du vivant.

3. O, Si, Al et Fe. La lecture du graphique ne permet pas d'affirmer avec certitude que le Fe (5 %) est plus abondant que le Ca (3,6 %).

4. Les éléments du vivant proviennent des étoiles.

Réaction nucléaire : fission ou fusion

13. 1. La réaction de fusion permet d'obtenir des éléments dits « super lourds ».

2. Les chercheurs ont le temps d'environ 8 demi-vies pour l'étudier ; soit $8 \times 0{,}89 \approx 7$ ms ou 7×10^{-3} s. L'ordre de grandeur vaut 10^{-2} s.

3. Il s'agit de la radioactivité α, un noyau d'hélium 4 est émis.

14. 1. Les réactions A et B correspondent à des réactions de fission, les éléments formés ont des nombres de masse inférieurs à celui de ^{235}U.

2. Calcul de x : $93 + 140 + x = 235 + 1$, alors $x = 3$.

Calcul de z : $94 + 140 + z = 235 + 1$, alors $z = 2$.

3. Chaque neutron produit peut bombarder plusieurs noyaux d'uranium qui, à leur tour, produiront chacun deux ou trois fois plus de neutrons qui bombarderont de plus en plus de noyaux d'uranium.

La réaction peut donc devenir explosive.

Proportion de noyaux restants et demi-vie

15. 1. Les nombres 209 et 205 représentent le nombre de nucléons du bismuth et du thallium.

2. Le bismuth se désintègre en thallium et en hélium 4 qui représente donc la particule α.

3. La demi-vie est la durée correspondant à la désintégration de la moitié de la quantité d'un échantillon d'éléments radioactifs.

4. Le bismuth a un temps de demi-vie supérieur à l'âge de la Terre.

Il est donc normal de trouver encore du bismuth.

Découverte de la radioactivité artificielle

16. 1. La désintégration du polonium correspond à la réaction (b), la transformation de l'aluminium en phosphore est la réaction (c) et la désintégration du phosphore est la réaction (a).

2. Le temps de demi-vie (138,4 j.) est bien supérieur au temps de l'expérience. On peut considérer la quantité de polonium 210 constante.

3. a. 13 minutes correspondent à $\frac{13}{3{,}25} = 4$ fois le temps de demi-vie, et donc $\frac{N_0}{2^4} = \frac{6{,}45 \times 10^{15}}{2^4} \approx$ 4×10^{14} noyaux de phosphore restants.

b. Au bout de 6 demi-vies, il reste $N = \frac{6{,}45 \times 10^{15}}{2^6} \approx$ 1×10^{14} noyaux de phosphore.

Ce qui correspond à $\frac{1 \times 10^{14} \times 100}{6{,}45 \times 10^{15}} \approx 1{,}6$ %.

4. 1 % des noyaux restants, c'est-à-dire $\frac{N_0}{100}$. Or, $2^7 = 128$, donc pour $7 \times T_{½}$ on aura $\frac{N_0}{128}$ de noyaux restants, soit moins de 1 %.

17. 1. Au cours de sa vie, un individu se nourrit de végétaux et d'animaux qui ont mangé des végétaux. Or, les végétaux intègrent le carbone 14 présent dans le CO_2 de l'atmosphère par photosynthèse. Il est donc normal que l'on retrouve la même proportion au cours de la vie.

Au moment du décès il n'y a plus apport de carbone extérieur et la proportion de carbone 14 diminue dans l'organisme.

2. Par lecture graphique, on voit que lorsqu'il reste 30 % de carbone 14 par rapport à la quantité initiale, le temps affiché vaut 10 000 ans, ce qui correspond au temps écoulé depuis le massacre.

3. Pour 50 %, on peut lire graphiquement une durée d'environ 6 000 ans.

La valeur connue est de 5 700 ans.

4. La réaction (b) correspond à la désintégration du carbone 14 et la réaction (a) à la formation du carbone 14 dans l'atmosphère.

5. La particule compte un nucléon et ne compte aucune charge électrique : il s'agit donc d'un neutron.

La particule compte 0 nucléon et une charge électrique négative : il s'agit d'un électron.

Vers le BAC p. 25

18. Le cœur des étoiles est le siège de réactions de fusions nucléaires. Tout commence avec la fusion de l'hydrogène en hélium. Une fois l'hydrogène épuisé, c'est l'hélium qui fusionne à son tour.

Le résultat des fusions successives mène à la formation du carbone et de l'oxygène pour les petites étoiles et au fer pour les étoiles super massives.

La fin de vie d'une étoile super massive conduit à l'expulsion des gaz constitués des éléments chimiques formés. Ces derniers, lors de cette explosion appelée supernova, vont fusionner à leur tour du fait de la température de l'ordre de plusieurs milliards de degrés. Ainsi se forment les autres éléments chimiques du tableau périodique.

La formation de la centaine des éléments chimiques à partir de l'hydrogène dans les étoiles se nomme la nucléosynthèse stellaire.

19. Les datations radiométriques des échantillons de zircon (docs. 1 et 3) montrent, qu'entre 7,5 et 10,5 milliers d'années, des éruptions volcaniques se sont produites dans la région de Çatalhöyük.

Le nombre de désintégrations d'atomes de carbone dans le charbon de bois associé à la peinture de Çatalhöyük (doc. 2), nous permet de dater des échantillons de l'œuvre d'art. Ce nombre compris entre 4,2 et 4,8 u.a., reporté sur le graphique, correspond à un âge situé entre 8,5 et 10 milliers d'années. Ces résultats sont équivalents à ceux trouvés pour la datation des roches volcaniques (doc. 3).

Ces dates sont donc compatibles avec une concomitance des événements. Il est tout à fait possible que les habitants de Çatalhöyük aient dessiné sur cette fresque des éruptions volcaniques auxquelles ils avaient assisté, ce qui donne des arguments pour la seconde interprétation.

CHAPITRE 2 Des édifices ordonnés : les cristaux

Manuel p. 26-43

I. Introduction

Commentaires pédagogiques

Dès la Préhistoire, l'être humain s'intéresse aux roches et minéraux. Il étudie leurs propriétés de formes, de dureté, de malléabilité, de fusibilité, etc., pour développer de nouvelles techniques. Portée initialement par des minéralogistes, la cristallographie est entrée dans le champ scientifique au XVIIIe siècle avec René Just Haüy. Cette science a eu un développement extraordinaire au cours du XXe siècle grâce à l'utilisation de la diffraction par des rayons X, des électrons et des neutrons.

La cristallographie s'est très rapidement développée en dehors de la physique et de la chimie grâce à l'apport essentiel des mathématiques. Elle est aujourd'hui utilisée en biologie (premier cliché de l'ADN > Sciences en perspective p. 38), la médecine (élaboration de nouveaux médicaments), la métallurgie (alliage à mémoire de forme), science des matériaux (le graphène > Sciences en perspective p. 39), etc. Avec 23 prix Nobel décernés dans le domaine, « c'est l'instrument le plus puissant d'étude de la structure de la matière. Cette science est omniprésente dans la vie quotidienne, dans la production pharmaceutique moderne, la nanotechnologie et la biotechnologie et ... elle est à la base de l'élaboration de tous les nouveaux matériaux, allant du dentifrice aux éléments d'avion ! » (*source* : CNRS).

Avec l'étude de matériaux rencontrés quotidiennement (le sel, le diamant, le verre, les métaux, les alliages, ...) ce chapitre permet de comprendre l'organisation de la matière. Apparaît alors un lien entre les différentes échelles d'observations : les formes et propriétés de l'échelle macroscopique se retrouvent dans l'organisation et la géométrie à l'échelle microscopique.

Ce chapitre amène les élèves à faire des liens importants entre des matières qui peuvent leur paraître très éloignées. En effet, on passe de la géologie, avec l'étude des minéraux à l'échelle macroscopique > Activités 1 et 2, p. 28-31, à la physique chimie, avec la description à l'échelle microscopique de l'organisation de la matière > Activités 3 et 4, p. 32-35. Les mathématiques, et particulièrement la géométrie du cube, permettent de décrire les différentes structures géométriques que l'on retrouve à différentes échelles.

Compléments d'informations sur les Sciences en perspective (p. 38 et 39)

– « Le premier cliché de l'ADN » : le rôle de Rosalind Franklin dans l'histoire de la découverte de la structure de l'ADN est rappelé ici. En encadré est proposé un extrait de l'anatomie en 3D de dizaines de protéines à la disposition de la recherche médicale.

– « Le graphène, une révolution industrielle ? » : le texte raconte l'histoire de la découverte du graphène, matériau qui se présente sous la forme d'un feuillet très fin d'atomes de carbone, dont les applications technologiques sont prometteuses. Un encadré présente une nouvelle génération de cristaux en 3D.

Objectifs

- → **Distinguer maille, cristal, minéral, roche à l'aide de leur échelle et de leur organisation spatiale**
- → **Mettre en relation la structure d'une roche et les conditions de son refroidissement**
- → **Relier les différentes échelles d'études des cristaux**
- → **Expliquer la structure des réseaux cristallins cubique simple et cubique à face centrée**
- → **Calculer masse volumique et compacité d'un cristal**

BIBLIOGRAPHIE

Ouverture littéraire

Écrivain, académicien, Roger Caillois aborde dans son recueil de poèmes *Pierres* sa vision du monde minéral. Il partage son amour des pierres dont la beauté et le mystère « sont du début de la planète, parfois venues d'une autre étoile ». La deuxième partie, « Physique », regroupe plusieurs poèmes consacrés aux descriptions physiques de pierres, l'« écriture des pierres ». Le texte ressemble à un traité de minéralogie où l'auteur mêle art et sciences naturelles pour nous convier à « rêver sur les pierres ». Ce recueil rend compte de l'immense variété des cristaux et minéraux, leurs origines, leurs propriétés et leurs histoires. On y retrouve les cristaux étudiés dans ce chapitre : le béryl, le quartz, la pyrite. Avec ce texte, Roger Caillois encourage à découvrir l'univers du minéral.

- CAILLOIS (Roger), *Pierres*, Gallimard, Paris, 1966.

Élise Fischer, journaliste et romancière lorraine née en 1948, raconte à travers l'histoire d'une famille fictive l'essor de la fabrication du verre à Nancy et de l'art nouveau dans les années 1900. Des sources documentaires, mêlées au récit, apportent des précisions techniques intéressantes.

- FISCHER (Élise), *Les Alliances de cristal*, Presses de la cité, Paris, 2003.

Ouvrages de référence

- FÉREY (Gérard), « Une (brève) histoire de la cristallographie », in *L'Actualité chimique*, n° 387-388-389 (juil.-août-sept.-oct. 2014) p 29-40
- BOTTIN (Jean), MALLET (Jean-Claude), FOURNIÉ (Roger), *Cours de chimie*, Dunod, Malakoff, 1989.
- GRÉCIAS (Pierre), RÉDOGLIA (Stéphane), *Chimie MPSI-PTSI*, Lavoisier-Tec et Doc , Cachan, 2013.

Issus d'internet

- Éduscol : Méthodes et pratiques scientifiques, Thème science et vision du monde – projet « autour de la cristallographie » : http://cache.media.eduscol.education.fr/file/MPS/23/7/LyceeGT_Ressources_2_Exploration_MPS_6-1_cristallographie_152237.pdf

Sites internet

- Association française de cristallographie : https://www.afc.asso.fr
- Cristallo-Graphique : http://hebergement.u-psud.fr/supraconductivite/minisite/cristallo-graphique/
- CNRS : 2014, année internationale de la cristallographie : http://www.cnrs.fr/cristallo/spip.php?article177
- Vidéo « Créer l'univers en 4 étapes : Fabriquer la matière à notre échelle » : https://vimeo.com/221538933

Musées

- Galerie de Minéralogie et de Géologie, Museum d'Histoire Naturelle de Paris
- Musée de Minéralogie de l'École des mines de Paris
- Musée de minéralogie de Strasbourg, etc.

Formations

Les Maisons pour la science *La main à la pâte* proposent dans dix universités des actions de développement professionnel spécifiquement consacrées à la cristallographie. Renseignements et inscriptions : http://www.maisons-pour-la-science.org/

II. Corrigés

Ouverture p. 26-27

1. Des structures cristallines existent, non seulement dans les roches, mais aussi dans les organismes biologiques (coquilles, squelettes, calcul rénal, etc.). En termes d'échelle et d'organisation spatiale, il est intéressant de constater l'universalité du phénomène de cristallisation dans le monde qui nous entoure. Bien que les formes observées dans le vivant soient souvent complexes, l'étude mathématique des cristaux sera, pour des raisons pédagogiques, focalisée essentiellement sur des formes simples concernant la géométrie du cube.

2. La pyrite (FeS_2) est un cristal qui cristallise dans un réseau cubique, c'est-à-dire que les ions Fe^{2+} et S^- se répartissent à l'échelle microscopique autour d'un cube. Cette géométrie particulière se retrouve à l'échelle macroscopique où on observe des cristaux de pyrite ayant la forme de cube. On retrouve cette observation pour de nombreux cristaux, leurs géométries se retrouvent dans leurs organisations à l'échelle atomique.

Activités p.28-35

Activité 1

- **Durée estimée :** 30 min
- **Objectif :** Fabriquer des cristaux et identifier leurs conditions de formation.

1. On peut obtenir des cristaux de sel lors de l'évaporation d'une solution saturée en sel NaCl.

Les cristaux ont l'allure suivante :

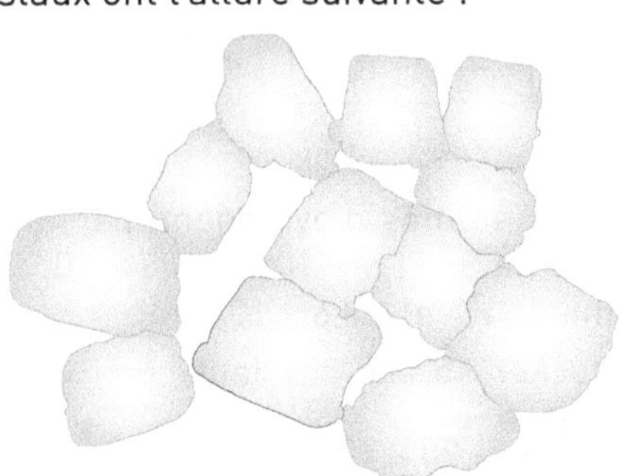

2. Avec le doc. 2, on remarque que la taille des cristaux dépend de la rapidité du refroidissement qui a permis leurs formations. Plus le refroidissement est lent, plus les cristaux formés seront gros. L'obsidienne ne présente pas de cristaux, elle a donc été formée lors d'un refroidissement rapide du magma. Le granite, qui présente de nombreux cristaux, a été formé lors d'un refroidissement lent du magma. La rhyolite est un cas intermédiaire.

3. Une roche, présente à l'échelle macroscopique, est composée d'un ensemble de minéraux (comme par exemple le quartz). Un minéral peut être décrit à l'échelle microscopique par un cristal qui est un arrangement périodique et régulier d'une même maille. Une maille est composée de différents atomes ou ions (Si^{4+} et O^{2-} dans le cas du quartz).

Synthèse :

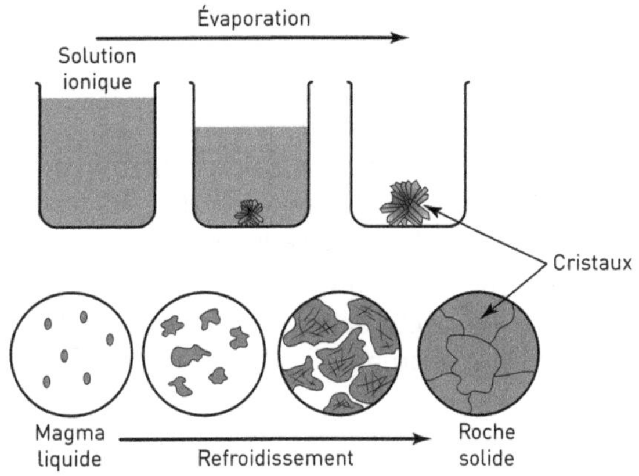

Activité 2

- **Durée estimée :** 30 min
- **Consigne :** Relier l'organisation de la maille au niveau microscopique à la structure du cristal au niveau macroscopique.

1. Lors de l'expérience de Haüy, il y a des clivages successifs du spath de départ. Lorsque l'on découpe la plaque de timbre, on réalise aussi un clivage le long des zones de moindre résistance.

Ces clivages successifs permettent à Haüy d'énoncer le concept de molécules intégrantes, ou mailles. Les cristaux sont donc organisés par un arrangement périodique et régulier de mailles dont la géométrie se retrouve à l'échelle macroscopique.

2. Un cristal (carnet de timbre) est un ensemble de mailles qui se répète de façon périodique et régulière sur un réseau dans l'espace.

Une maille (timbre) est la partie finie de l'espace qui, répétée par translation, forme un cristal.

3. La forme des cristaux observés dans le doc. 3 se retrouve dans la géométrie de leurs mailles présentées dans le doc. 4. Les cristaux de pyrite et de sel ont une forme cubique comme leurs mailles élémentaires. Le cristal de quartz présente des angles inférieurs à 90° comme sa maille élémentaire.

Synthèse :

À l'échelle macroscopique, l'observation d'un cristal révèle sa structure géométrique. Certains cristaux ont la propriété de se séparer en plusieurs autres par un phénomène de clivage. Chaque fraction conserve la même géométrie que le cristal de départ. L'organisation géométrique se retrouve au niveau des atomes, à l'échelle microscopique.

Activité 3

• **Durée estimée :** 40 min

• **Consigne :** Étudier le cristal argent, afin de calculer le rendement de la filière de recyclage de l'argent présent dans les radiographies.

1. Chaque sphère est un atome d'argent, on représente la maille éclatée, c'est-à-dire en réduisant les rayons des atomes.

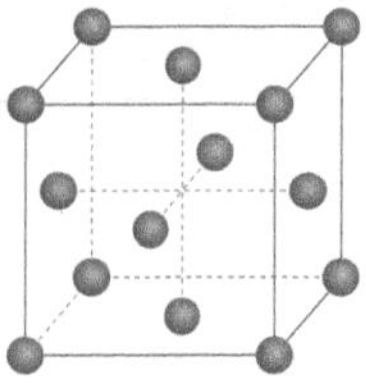

2. Il y a 8 atomes sur les coins du cube et 6 au centre de chaque face, soit

$\frac{1}{8} \times 8 + \frac{1}{2} \times 6 = 4$ atomes par maille.

3. On a une masse volumique de

$\rho = \frac{4 \times m_{Ag}}{a^3} = 10{,}5 \times 10^3\ kg \cdot m^{-3}$.

4. Le rendement de la filière de recyclage est le rapport entre la masse d'argent récupérée par le recyclage d'une tonne de radiographie et la quantité totale d'argent présent dans cette tonne de radiographie. On a $\eta = \frac{\rho V}{20 \times 10^{-3} \times 1000} = 50\,\%$.

Malgré ce rendement assez bon, le recyclage est astreint à suivre une exponentielle décroissante. Par exemple, il ne restera que 3 % $\left(= \frac{1}{2} \times \frac{1}{2} \times \frac{1}{2} \times \frac{1}{2} \times \frac{1}{2} \right)$ de l'argent initial au bout de 5 ans.

Activité 4

• **Durée estimée :** 40 min

• **Objectif :** Montrer en quoi l'utilisation de cristaux sous forme solide est une solution intéressante pour stocker l'hydrogène.

1. La représentation éclatée d'une maille permet de mieux observer les atomes se trouvant sur l'arrière-plan d'une maille.

2. Atomes de fer N = 1 et atomes de titane

$N = \frac{1}{8} \times 8 = 1$ dans la maille.

Ils occupent le volume

$V = \frac{4}{3}\pi r_{Fe}^3 + \frac{4}{3}\pi r_{Ti}^3 = 1{,}05 \times 10^{-20}\ m^3$.

3. La compacité du cristal est :

$c = \frac{V}{V_{maille}} = \frac{V}{a^3} = 0{,}399$.

4. La compacité est inférieure à 1 (40 % de l'espace occupé), il reste donc un volume non occupé dans la maille (environ 60 %). L'atome d'hydrogène dispose d'une place au niveau des faces qui est de $a - 2r_{Fe} = 50$ pm.

Avec le rayon donné pour l'atome d'hydrogène (25 pm), on comprend qu'il peut se placer au niveau du centre des faces du cube.

5. On a $6 \times \frac{1}{2} = 3$ atomes d'hydrogène par maille.

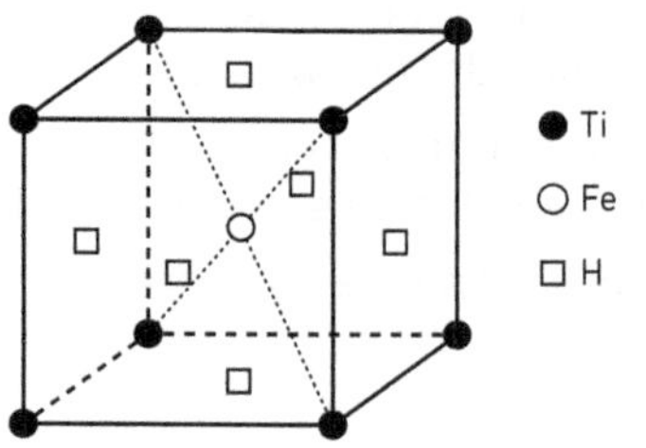

Synthèse :

On stocke 3 atomes d'hydrogène par maille soit une masse de $3 \times 1{,}6 \times 10^{-27} = 4{,}6 \times 10^{-27}$ kg pour un volume de $V = a^3 = 2{,}6 \times 10^{-29}\ m^3$.

Pour stocker 5 kg il faut un volume de $5 \times \frac{2{,}6 \times 10^{-29}}{4{,}6 \times 10^{-27}} = 28 \times 10^{-3}\ m^3 = 28\ L$. Cette méthode de stockage occupe un volume moins important (28 L) que le stockage sous pression (125 L) ou le stockage sous forme liquide (75 L).

Apprendre à apprendre p. 40

1. On a dessiné 8 atomes sur la structure cubique simple mais qui ne comptent que pour $\frac{1}{8}$ car ils sont partagés avec les mailles proches.
On a dessiné 14 atomes sur la structure cubique face centrée mais ceux des coins comptent pour $\frac{1}{8}$ et ceux des centres des faces pour $\frac{1}{2}$.

2. À l'échelle macroscopique, l'observation d'un cristal révèle sa structure géométrique. Certains cristaux ont la propriété de se séparer en plusieurs autres par un phénomène de clivage. Chaque fraction conserve la même géométrie que le cristal de départ. En extrapolant des clivages successifs, on comprend que l'organisation géométrique se retrouve au niveau des atomes, à l'échelle microscopique.

3.

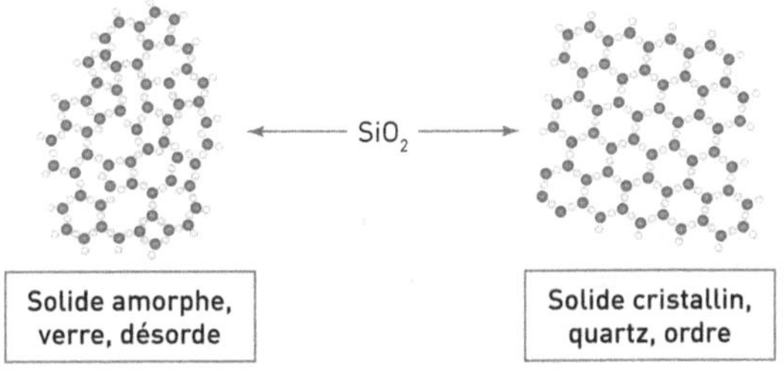

S'entraîner p. 41-42

Maille, cristal, minéral et roche

8. Le dioxyde de silicium (SiO_2) est abondant dans la nature. Il existe sous différentes formes, amorphes (cas du verre) ou cristallisées (cas du quartz et de la frustule des diatomées). La cristallisation s'effectue de différentes manières qui dépendent de la température et de la pression. Les propriétés du matériau dépendent des conditions d'assemblage des molécules qui le constituent (comme dans un jeu de construction les briques peuvent être disposées différemment et donner plus ou moins de solidité à la structure).

9. 1. Les calculs rénaux ont des couleurs (noir, beige, blanc, jaune) et des structures variables (aspect lisse, granuleux, en couches concentriques).

2. La maille de whewellite n'a pas une structure cubique car, dans la représentation de la structure cristalline de la whewellite, la longueur *a* est différente de *b* (et de *c*). Dans le cas d'une maille cubique, tous les côtés seraient égaux.

Compléments d'information :

- calcul de whewellite (oxalate de calcium monohydraté) de 7 mm de long. C'est le type de calculs le plus fréquent aujourd'hui. Il est souvent la conséquence d'un défaut d'apports hydriques.
- calcul de weddellite (oxalate de calcium dihydraté) de 9 mm de long. Noter les angles droits caractéristiques de cette espèce cristalline dont la formation est souvent liée à un excès de calcium dans les urines.
- calcul de phosphate de calcium, d'aspect crayeux, de 4 à 7 mm de longueur. Contrairement aux oxalates de calcium, la carbapatite est très dépendante du pH des urines. C'est pourquoi les calculs de carbapatite se forment en urine peu acide et sont, plus souvent que d'autres, associés à des infections de l'appareil urinaire.
- calcul de cystine mesurant 25 × 15 mm. Ce type de calculs se forme dans l'arbre urinaire (rein ou vessie) lorsque le rein n'est pas capable de réabsorber la cystine (acide aminé utilisé pour la synthèse des protéines). La fuite rénale de cystine qu'on désigne sous le terme de cystinurie n'a pas d'autres conséquences que la cristallisation de la cystine dans les voies urinaires. L'anomalie est d'origine génétique.

Les photographies sont issues de la collection Michel Daudon (docteur en pharmacie).

Structure d'une roche et refroidissement

10. 1. Minéraux constitutifs du basalte et du gabbro : olivine, pyroxène, plagioclase

2.

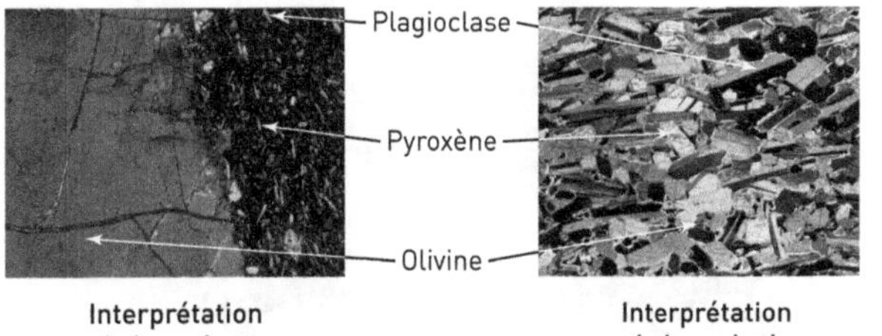

Interprétation de la roche a

Interprétation de la roche b

L'échantillon (a) contient du verre (partie droite) et un cristal d'olivine.

L'échantillon (b) est constitué de nombreux cristaux de taille supérieure à 1 mm.

3. Les différences de structure s'expliquent par un refroidissement rapide pour (a) et un refroidissement lent pour (b).

La roche (a) est un basalte, roche volcanique refroidie brutalement en surface, et la roche (b) un gabbro, roche plutonique refroidie en profondeur.

11. Sur l'image (a) on observe des cristaux de taille importante (environ 2 mm). Sur l'image (b) ces cristaux sont beaucoup plus fins et forment des aiguilles. Enfin sur l'image (c) on ne distingue aucun cristal, c'est un verre.

Si on classe ces images en fonction de la vitesse de refroidissement, de la plus rapide à la plus lente, on obtient : c, b, a.

Échelles d'étude des cristaux

12. 1. Le diamant a une dureté très importante car tous les atomes sont reliés entre eux par des liaisons covalentes. Il y a une forte cohésion du cristal. Au contraire, les différents plans du graphite ne sont pas reliés par des liaisons covalentes.

2. Le crayon à papier.

3. La découpe de carrelage ou verre.

13. On relie les deux échelles microscopique et macroscopique grâce à la géométrie. La forme particulière en croix du minéral de staurolite se retrouve dans la deuxième structure cristalline. Il reste donc la première structure cristalline pour le béryl. En effet en copiant plusieurs fois la structure cristalline présentée pour le béryl, on obtient la structure suivante :

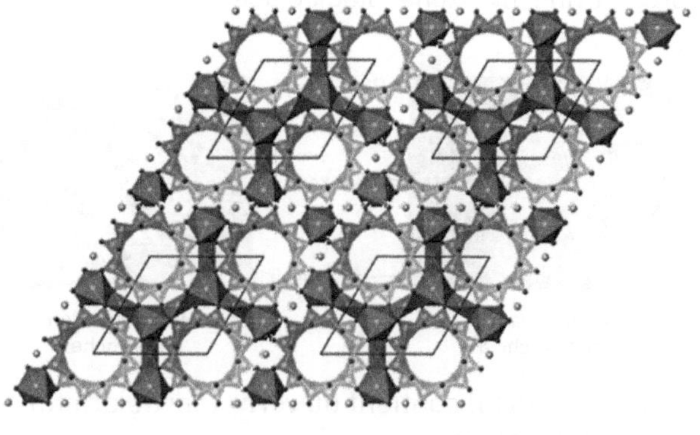

La géométrie hexagonale apparaît alors clairement.

Structures cristallines cubiques

14. 1. Il s'agit de la longueur du côté du cube représentant la maille.

2. Le motif est l'ensemble d'un ion Cs^+ et un ion Cl^-. C'est ce motif que l'on place à chaque sommet du cube qui se répète sur un réseau cubique simple et forme le cristal.

3. La diagonale du cube est $\sqrt{3}a = 713\ \text{pm}$ et $2r_{Cs^+} + 2r_{Cl^-} = 696\ \text{pm}$.

Dans la réalité les atomes ne sont jamais tout à fait tangents.

15. 1.

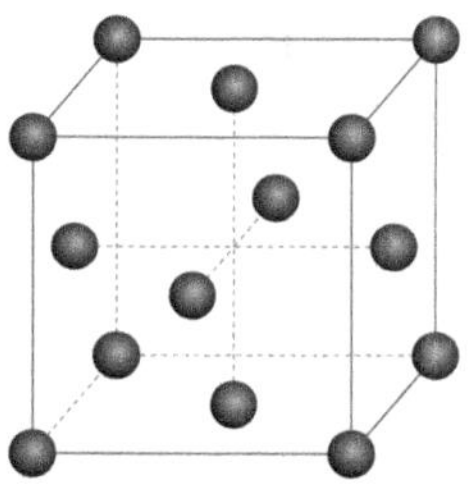

2. Les atomes sont identiques, ils doivent donc être tangents sur une diagonale d'un côté du cube.
Donc : $\sqrt{2}a = 4r_{Ar}$, donc $r_{Ar} = 192$ pm.

Masse volumique et compacité

16. 1. Le motif de ce cristal est un atome de polonium.

2. Il y a $8 \times \frac{1}{8} = 1$ atome de polonium effectivement présent dans la maille.

3. Le volume occupé par l'atome de polonium est donc :

$V = \frac{4}{3}\pi R^3_{polonium} = 2{,}0 \times 10^{-29}\ \text{m}^3$.

La masse de l'atome de polonium de la maille est donc de $m = m_{polonium} = 3{,}4 \times 10^{-25}$ kg.

4. Le volume de la maille est le volume d'un cube $V_{maille} = a^3 = 3{,}8 \times 10^{-29}\ \text{m}^3$.
La compacité du cristal est $c = \frac{V}{V_{maille}} = 0{,}52$.

5. La masse volumique du cristal est

$\rho_{polonium} = \frac{m}{V_{maille}} = 8{,}9 \times 10^{-3}\ \text{kg·m}^{-3}$.

17. 1.

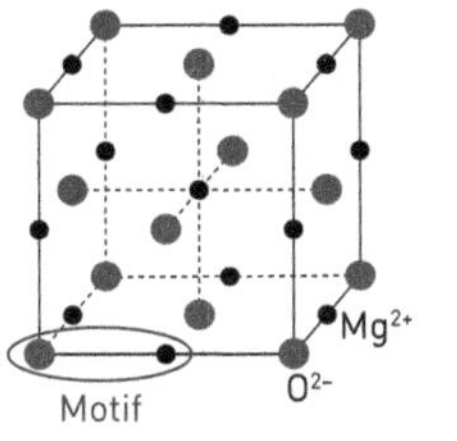

2. Le motif est l'ensemble de deux ions Mg^{2+} et O^{2-}.

3. Il y a 4 motifs dans une maille cubique face centrée. Donc $c = 4\dfrac{\frac{4}{3}\pi r^3_{O^{2-}} + \frac{4}{3}\pi r^3_{Mg^{2+}}}{V_{\text{maille}}} = 0{,}73$.

4. On a aussi $\rho_{MgO} = 4\dfrac{M_O + M_{Mg}}{N_A V_{\text{maille}}} = 3{,}7\ \text{kg}\cdot\text{m}^{-3}$.

Vers le BAC p. 43

18. Ce schéma représente une maille du cristal d'aluminium qui cristallise en une structure cubique face centrée.

Il y a $\frac{1}{8}\times 8 + \frac{1}{2}\times 6 = 4$ atomes d'aluminium par maille.

19. 1. Il y a 4 ions sodium et 4 ions chlore.

2. Le long d'une arête de longueur a on trouve un demi ion chlore (R_{Cl^-}), un ion sodium ($2R_{Na^+}$) et un demi ion chlore (R_{Cl^-}), donc on a :

$a = R_{Cl^-} + 2R_{Na^+} + R_{Cl^-}$.

3. Donc $a = 552$ nm et la compacité :

$c = \dfrac{\text{Volume des atomes}}{a^3} = 0{,}68.$

20. Les cristaux de glace se forment par adsorption de molécule d'eau. En fonction des conditions de température et d'humidité cette croissance va induire des morphologies de cristaux très variés (aiguilles, dendrites, plaquettes, ...). Dans des conditions de formation données, la taille des cristaux est contrôlée essentiellement par le temps que dispose le cristal pour croître.

L'ensemble de ces morphologies respecte une géométrie hexagonale qui est celle de la structure microscopique de la glace qui cristallise en un réseau cristallin hexagonal.

CHAPITRE 3 Une structure complexe, la cellule

Manuel p.44-61

I. Introduction

Commentaires pédagogiques

Dans ce thème où, pour comprendre l'histoire de la matière, on débute par l'étude des éléments chimiques puis leur organisation sous forme de cristaux, il est logique de poursuivre par la compréhension d'une structure plus complexe dans le développement de la vie : la cellule.

Cette notion de cellule, déjà connue depuis le cycle 3, est remobilisée. En effet, en classe de 6e les élèves doivent savoir reconnaître la plus petite entité vivante, la cellule. Au cycle 4, on part des besoins des cellules animales et végétales pour étudier leur rôle au niveau des systèmes de transport dans l'organisme.

En classe de seconde, les niveaux d'organisation des êtres vivants pluricellulaires sont explorés et la notion de cellule spécialisée, avec ses caractéristiques structurelles et métaboliques, est construite. Une première approche des relations existantes entre les cellules d'un organisme est alors mise en place par l'étude des échanges de matière et d'énergie entre les cellules.

Fort de toutes ces connaissances, il s'agit donc de montrer dans ce chapitre comment s'est construite la théorie cellulaire > Activité 1 p. 46-47, c'est-à-dire de faire comprendre aux élèves qu'elle se construit par des confrontations entre idées et faits, des débats entre pairs pour aboutir à un consensus.

Puis on illustrera l'importance des progrès techniques dans son développement à travers l'étude de différents microscopes > Activité 2 p. 48-49, permettant de faire le lien entre l'échelle moléculaire et celle de la cellule, à travers l'exemple de la membrane plasmique > Activité 3 p. 50-51.

Objectifs

- → **Comprendre le concept de cellule vivante et son élaboration historique**
- → **Faire le lien entre échelles cellulaire et moléculaire**
- → **Connaître la structure de la membrane plasmique**

BIBLIOGRAPHIE

Ouverture littéraire

Ta-Wei Chi, né en 1972, est docteur en littérature comparée de l'université de Californie (UCLA) et enseigne la littérature à l'Université Nationale de Cheng Kung (Taïwan). Il est l'auteur de plusieurs romans, nouvelles fantastiques et de science-fiction en chinois.

Membrane est son premier ouvrage à être traduit en français. Dans un monde futuriste, à l'écologie bouleversée, la population humaine vit dans des cités sous-marines, car la surface de la Terre est devenue inhabitable. Momo, une jeune esthéticienne réputée mais solitaire et marginale, propose à ses patients de leur appliquer sur la peau une M-Skin : une membrane extraordinaire qui permet de protéger parfaitement la peau contre les agressions extérieures. Ce que Momo ne révèle pas à ses patients, c'est que grâce à la M-Skin, elle connaît tout de leur intimité la plus profonde...

Ce roman de science-fiction philosophique et social est une réflexion sur l'identité, la sexualité et les dérives du progrès scientifique.

- CHI (Ta-wei), *Membrane*, Le Livre de poche, Paris, 2017.

Ouvrages de référence

- BASSAGLIA (Yann), *Biologie cellulaire*, Maloine, Paris, 2013.
- CAMPBELL (Neil), REECE (Jane), *Biologie*, Pearson Education, Montreuil, 2012.
- RIEUTORT (Michel), *Physiologie animale, volume 1 : Les cellules dans l'organisme*, Elsevier Masson, Issy-les-Moulineaux, 1998.
- ROBERT (Daniel), VIAN (Brigitte), *Éléments de biologie cellulaire*, Doin, Montrouge, 2013.

Issus d'internet

- Définition, éléments constitutifs, organisation et fonctions de la membrane de la cellule : https://www.youtube.com/watch?reload=9&v=KjY6ruVXoG4
- Dans cette vidéo sont présentés les différents types de microscope : https://www.youtube.com/watch?v=ormKJYtcV0A

Sites internet

- La cellule, unité du vivant : https://planet-vie.ens.fr/article/1400/cellule-unite-vivant
- Les lipides dans les membranes : http://www.snv.jussieu.fr/bmedia/coursBC/lipide/lipide2.html
- Microscopes utilisés pour les microphotographies : https://www.unige.ch/sciences/biologie/bioveg/crevecoeur/microscopes/
- MOOC biologie cellulaire par l'Inserm : https://www.images.inserm.fr/fr/feature/1143/mooc-biologie-cellulaire/page/1

II. Corrigés

Ouverture p. 44-45

1. Melvin Calvin est un biochimiste américain dont les travaux ont permis de mieux comprendre le fonctionnement des cellules chlorophylliennes. En utilisant du carbone 14 radioactif, Calvin a pu détecter la succession de réactions chimiques permettant l'assimilation du dioxyde de carbone par les plantes.

2. La microscopie électronique met en évidence l'ultrastructure des cellules en facilitant l'étude des organites et de la membrane plasmique. Grâce à la colorisation des images, on peut faire ressortir différents composants cellulaires et notamment la frontière qui délimite l'espace intracellulaire du milieu extérieur : la membrane plasmique.

Activités p. 46-53

Activité 1

- **Durée estimée :** 40 min
- **Objectif :** Analyser et interpréter des documents historiques relatifs à la théorie cellulaire.

1.

Nom du savant	Date	Nature de la découverte
Antoni van Leeuwenhoek	1660	Découverte d'un univers microscopique vivant
Robert Hooke	1665	Découverte et utilisation du terme cellule
Matthias Schleiden	1837	Présence et rôle du noyau dans les cellules végétales
Theodor Schwann	1838	Présence d'un noyau dans les cellules animales
Rudolph Virchow	1858	Toute cellule vient d'une autre cellule
Louis Pasteur	1861	Réfute la thèse de la génération spontanée

2. « Les structures observées par Hooke ne sont que des parois cellulaires » car Hooke a fait ses observations sur un échantillon de liège dont les cellules mortes sont dépourvues d'organites, de hyaloplasme et de membrane plasmique. Il ne restait que les parois cellulaires présentes autour de la membrane plasmique chez des cellules végétales

3. Les dessins montrent une grande variété de formes de cellules et sont de plus en plus précis au fil du temps avec l'apparition d'un noyau pour Schleiden et Schwann et des divisions cellulaires pour Virchow.

Synthèse :

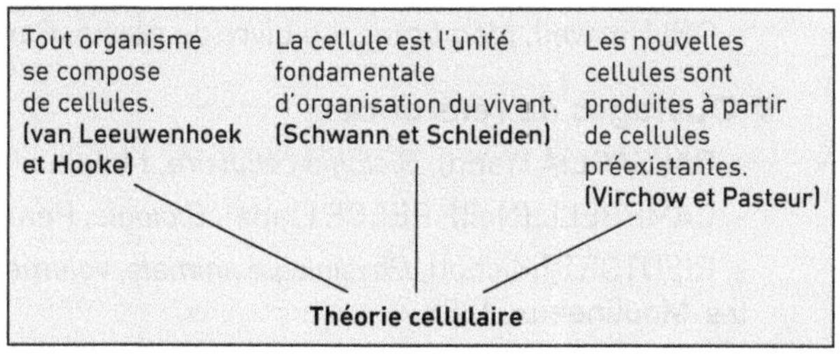

Schéma des étapes de l'élaboration de la théorie cellulaire

Activité 2

- **Durée estimée :** 40 min
- **Objectif :** Relier les progrès techniques au développement de la théorie cellulaire pour situer les ordres de grandeur de taille (atome, molécule, organite, cellule, organisme).

1.

Microscope	Principe	Grossissement	Observations
Microscope optique	Observations grâce à un faisceau de photons passant au travers de loupes.	Précision du mm au µm	Cellules
Microscope électronique	Un faisceau d'électrons est utilisé à la place de la lumière.	Précision de l'ordre du µm	Organites
Microscope à force atomique	Mesure les forces d'interaction entre une pointe extrêmement fine et la surface de l'échantillon.	Précision de l'ordre du nm	Molécules
Microscope à effet tunnel	Mesure le courant « tunnel » passant entre une pointe extrêmement fine et l'échantillon.	Précision de 0,1 nm	Atomes

Tableau des caractéristiques des différents types de microscopie

2.

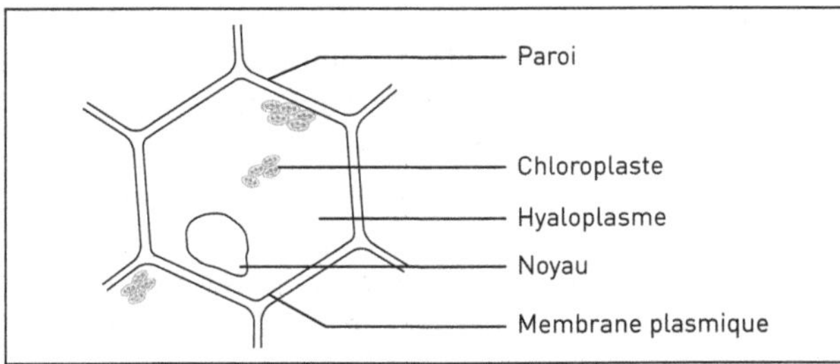

Dessin d'une cellule de feuille d'élodée au MO (×400)

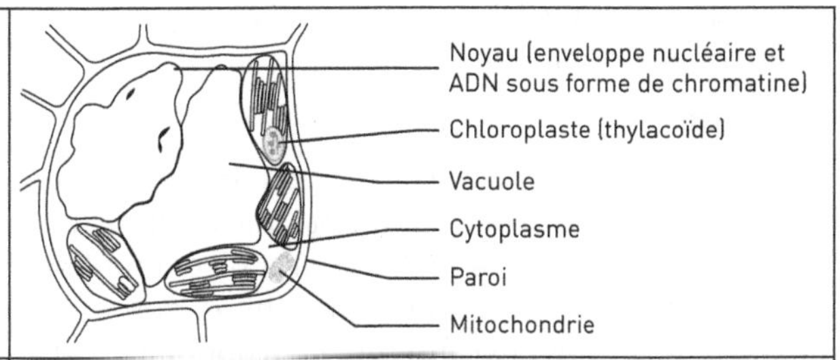

Dessin d'une cellule végétale chlorophyllienne au MET (×1 000)

Synthèse :

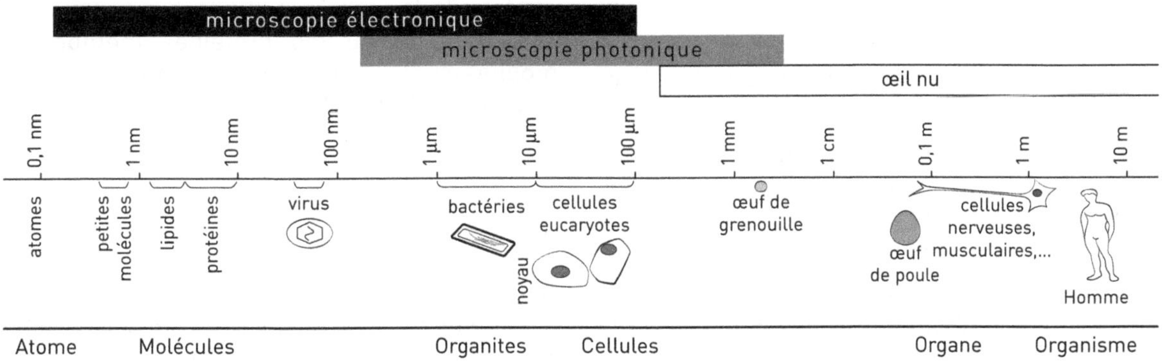

Schéma des niveaux d'organisation du vivant

Activité 3

- **Durée estimée :** 40 min
- **Objectif :** Mettre en évidence la composition de la membrane plasmique.

1. Les hématies sont un matériel de choix pour l'étude des membranes car ce sont des cellules très différenciées qui ont perdu tous leurs organites, donc la seule membrane présente est celle de la membrane plasmique.

2. Après centrifugation et analyse du culot, on met en évidence que la membrane est constituée de 40 % de lipides et 60 % de protéines ou glycoprotéines.

3.

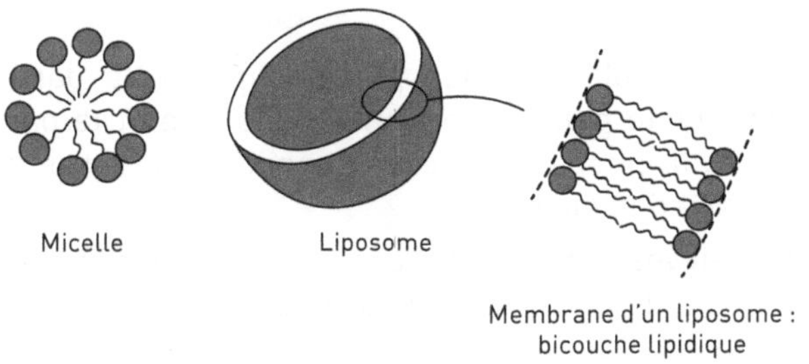

4.

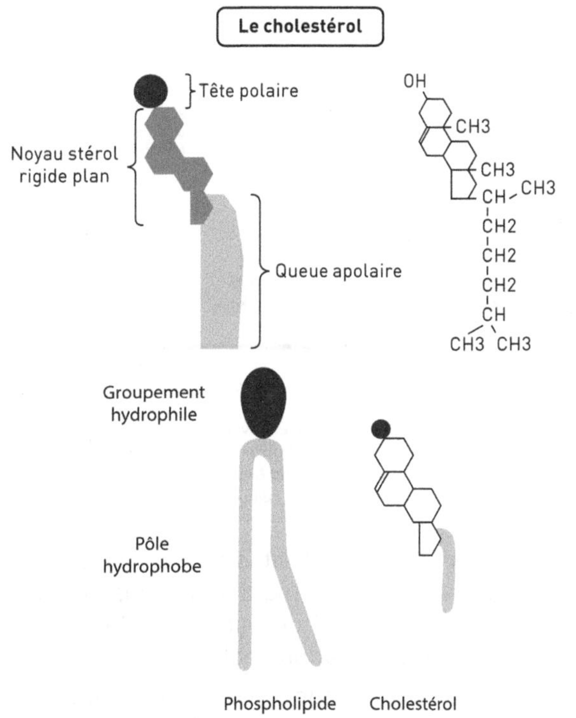

5. Les protéines transmembranaires possèdent un ou plusieurs domaines membranaires composés d'acides aminés hydrophobes et des domaines extra ou intracellulaires avec des acides aminés hydrophiles. On peut donc les qualifier de molécules amphiphiles.

Synthèse :

La membrane plasmique est un assemblage de lipides (40 %) et de protéines (60 %) qui s'organisent spontanément sous la forme d'une bicouche lipidique, dont les extrémités hydrophiles sont vers l'extérieur et les extrémités hydrophobes vers l'intérieur.

Activité 4

- **Durée estimée :** 40 min
- **Objectif :** Schématiser la structure moléculaire de la membrane plasmique.

1. On distingue trois couches au MET. Les couches 1 et 3 foncées correspondant aux têtes hydrophiles des phospholipides, et la couche 2, au milieu, plus claire, correspond aux queues hydrophobes.

2. Cette technique de cryofracture et cryodécapage permet de séparer les deux couches de la membrane plasmique et de les observer au microscope électronique. On met ainsi en évidence un nombre important de protéines prouvant bien leur insertion dans la membrane.

3. Les scientifiques ont commencé à élaborer des modèles de la membrane plasmique bien avant que le microscope électronique ne soit mis au point. En 1895, un modèle constitué uniquement de lipides en mono-couche est proposé puis en bicouche lipidique avec les premiers liposomes. En 1935, Davson et Danielli incorporent des protéines au modèle en les associant aux pôles hydrophiles des lipides, pour former un modèle unitaire tripartite coïncidant avec les images de microscopie électronique.

C'est en 1972 que Singer et Nicolson proposent le modèle de la mosaïque fluide encore en vigueur actuellement, où les protéines membranaires mobiles sont insérées et dispersées dans la bicouche de phospholipides.

Synthèse :

On peut représenter le modèle de la membrane plasmique de la façon suivante : les deux couches de phospholipides de la membrane plasmique par des cure-dents (pôles hydrophobes) et du papier alu (pôles hydrophiles) ; les protéines transmembranaires par des pommes de terre.

Apprendre à apprendre p. 58

1.

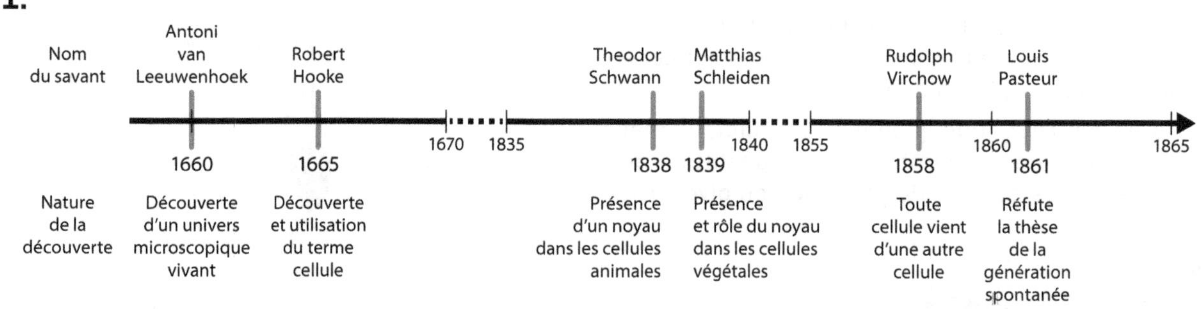

2. Idéalement il faudrait disposer d'un espace assez vaste (éventuellement le gymnase du lycée) pour mener ce travail de mime que l'on pourrait qualifier de modélisation analogique.

La manière de symboliser tous les constituants de la membrane plasmique oblige à en considérer les aspects essentiels. Des échanges et débats entre élèves aboutissent à des propositions variées.

Par exemple pour les phospholipides, la partie hydrophile peut correspondre à la tête et la partie hydrophobe peut correspondre aux corps et jambes des élèves.

Les élèves préféreront peut-être fabriquer chaque modèle de phospholipide avec des objets, comme un ballon gonflable et deux pailles qu'ils tiendront devant eux.

La bicouche lipidique est modélisable, dans le premier cas, si les élèves s'allongent par terre en deux rangs face à face, pieds contre pieds (prévoir des tapis de sol). Dans le second cas, les élèves peuvent rester debout face à face, en tenant les objets devant eux dans la bonne position.

La fluidité de la membrane peut être illustrée par une chorégraphie ou des mimes au choix des élèves.

Si cet exercice a lieu pendant les heures de cours, chaque groupe présente tour à tour son spectacle aux autres groupes en argumentant ses choix. L'imagination et la créativité sont encouragées. Ces activités ludiques, qui mobilisent l'expression corporelle, aident à la mémorisation de la réalité scientifique.

3.

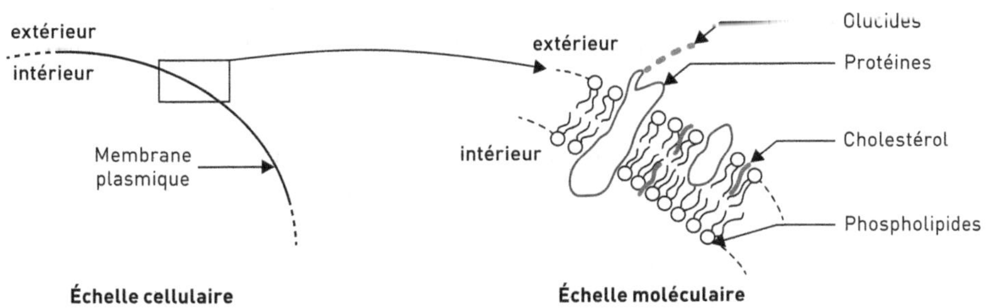

Schéma de la membrane plasmique, à l'échelle cellulaire et moléculaire

4. Pour construire un microscope miniature, il convient de fabriquer un support et de se procurer une lentille convergente (par exemple en récupérant celle d'un vieux lecteur de CD destiné à la casse) à placer sur l'objectif de l'appareil photo du smartphone.

Il est possible d'utiliser un tutoriel accessible sur YouTube en tapant les mots clés « Construire un microscope miniature avec un smartphone ».

S'entraîner p. 59-60

Le concept de cellule vivante

14. 1. Hartsoecker pense qu'il existe dans les spermatozoïdes des embryons déjà préformés, ce qui va à l'encontre de la théorie cellulaire qui précise que toute cellule vient d'une autre cellule.

2. En 1694, les microscopes n'étaient pas suffisamment performants (grossissement maximal de 300 fois) pour permettre de mieux comprendre l'intérieur de la cellule.

15. 1. On peut mettre en évidence sur les deux photographies : le noyau, le cytoplasme, la membrane plasmique et en plus pour les cellules B : la paroi et le chloroplaste.

2. Ces photographies montrent bien que la cellule est l'unité de base du vivant aussi bien chez les animaux que chez les végétaux, ce qui est en accord avec la théorie cellulaire.

3. Les cellules A sont animales et les cellules B sont végétales car elles possèdent des chloroplastes et une paroi.

16. 1. La mitochondrie proviendrait d'une cellule procaryote hétérotrophe aérobie et le chloroplaste d'une cellule procaryote photosynthétique.

2. Il y aurait eu une première symbiose entre un eucaryote ancestral et une bactérie aérobie à l'origine des eucaryotes hétérotrophes (animaux) puis chez certaines, il y aurait eu une deuxième symbiose avec une bactérie photosynthétique conduisant à la formation d'eucaryotes photosynthétiques (végétaux).

Échelles cellulaire et moléculaire

17. 1.

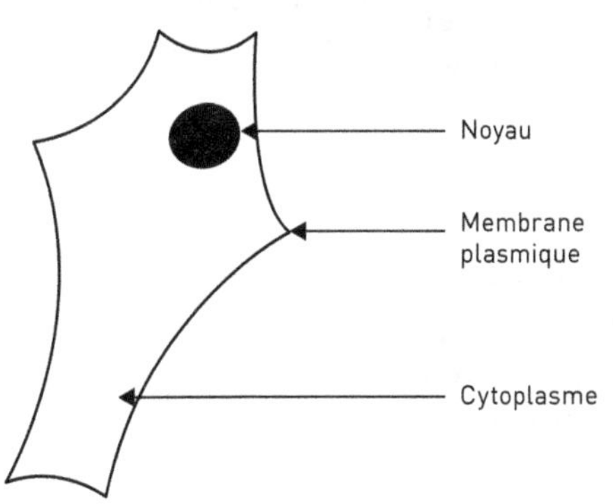

Schéma légendé d'une cellule de peau de grenouille observée au MO × 100

2. Taille réelle d'une cellule = $\frac{20\,\text{mm}}{100}$ = 0,2 mm.

Taille réelle du noyau = $\frac{5\,\text{mm}}{100}$ = 50 µm.

3. Le RNC = $\frac{5}{20}$ = 0,2.

18. 1. Ordre de grandeur des atomes : le dixième de nanomètre.

Ordre de grandeur des cellules : du dixième de millimètre au micromètre.

2. Les premiers atomes (hydrogène, carbone, oxygène, azote, ...) vont s'assembler en molécules minérales (eau, dioxygène, dioxyde de carbone, ...), qui, si les conditions sont réunies, peuvent s'agréger en molécules organiques (acides aminés, nucléotides, ...), puis en polymères prébiotiques (protéines, ADN, ...) et enfin permettre l'apparition de la vie sur Terre par la formation des premières cellules.

19. a : hydrogène (microscope à effet tunnel)

b : protéine albumine (microscope à force atomique)

c : mitochondrie (microscope électronique)

d : spermatozoïde (microscopes optique et électronique)

e : œuf (œil nu)

f : poussin (œil nu)

g : coq (œil nu)

20. 1. Le MET permet d'observer l'ultrastructure cellulaire (chromosome, paroi, ...) tandis que le MEB donne une vue en relief de la surface d'un échantillon (paroi des bactéries).

2. Ces deux techniques utilisent un faisceau d'électrons pour illuminer un échantillon et en créer une image très agrandie. Pour cela, les échantillons doivent généralement être examinés dans le vide, car les molécules qui composent l'air dispersent les électrons. Donc les échantillons seront morts.

Rôle et structure de la membrane plasmique

21. 1. La cellule hybride est issue de la fusion d'une cellule humaine et d'une cellule de souris dont les protéines membranaires sont marquées. On constate au bout d'une heure que les protéines membranaires se sont mélangées et dispersées, suggérant ainsi la possibilité de mouvements latéraux.

2. Cette expérience permet de mettre en évidence une propriété fondamentale des membranes cellulaires à savoir leur fluidité, d'où l'expression de modèle en « mosaïque fluide ».

22. Tableau des résultats des expériences avec des liposomes artificiels et schémas d'interprétation associés.

	A Liposomes sans protéines	B Liposomes avec protéines extrinsèques	C Liposomes avec protéines intrinsèques
Résultats après cryofracture et cryodécapage	Aspect lisse, sans particule	Aspect granuleux sur les faces externes ou internes, indiquant la présence de protéines enchâssées	Aspect granuleux entre les deux feuillets, indiquant la présence de protéines transmembranaires
Schéma d'interprétation de la membrane plasmique	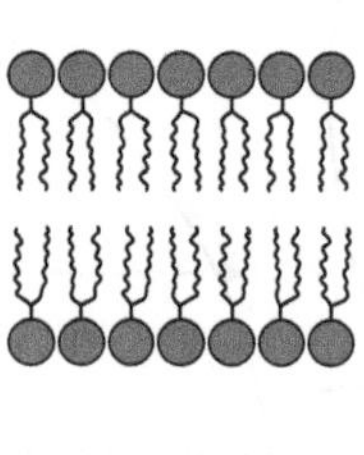	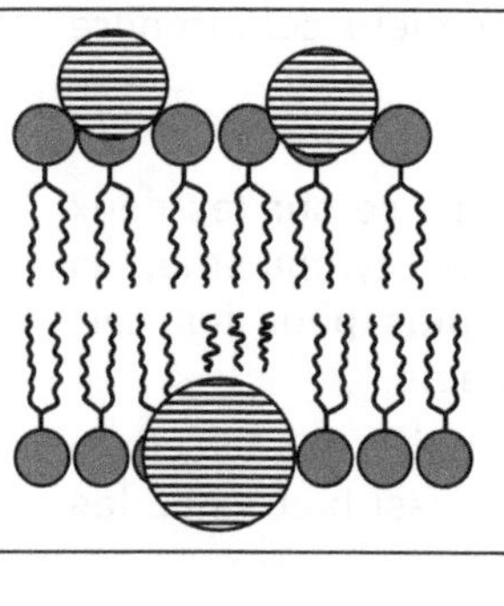	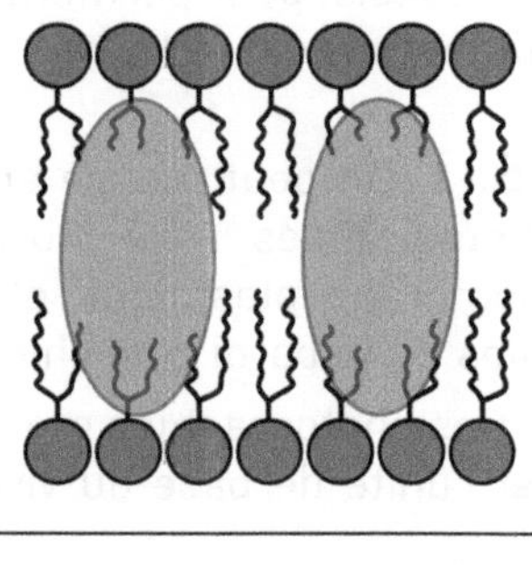

Vers le BAC p. 61

23. La cellule, unité structurale et fonctionnelle du vivant, est constituée d'une membrane entourant un cytoplasme. Cette membrane plasmique, épaisse de quelques nanomètres, sépare le milieu intracellulaire du milieu extracellulaire grâce à sa structure particulière, stabilisée par le caractère hydrophile ou lipophile de certaines parties des molécules constitutives (lipides et protéines).

Les phospholipides, lipides majoritaires, sont amphiphiles : ils possèdent une partie hydrophile (tête) et une partie lipophile (queue) conduisant à la formation d'une bicouche lipidique. Les parties hydrophiles sont tournées vers les milieux intracellulaire et extracellulaire tandis que les queues hydrophobes se regroupent et forment une région lipophile intermédiaire.

Des protéines sont associées à cette bicouche lipidique. Leurs régions transmembranaires sont lipophiles. Celles situées en dehors de la membrane sont hydrophiles.

L'ensemble forme une structure stable mais dynamique, dans laquelle des molécules peuvent se déplacer. Dans cette membrane fluide, des échanges limités s'effectuent entre l'espace intracellulaire et l'extérieur, ce qui garantit l'intégrité et la spécificité du contenu cellulaire.

24. 1. Sur le schéma, la zone méristématique avec des cellules en division correspond à la zone b.

2. Taille réelle d'une cellule $= \frac{35\text{ mm}}{600}$

$= 0{,}06\text{ mm} = 60\ \mu\text{m}$

Taille réelle du noyau $= \frac{25\text{ mm}}{600} = 40\ \mu\text{m}$

3. Le RNC $= \frac{25}{35} = 0{,}71$ alors que pour une cellule différenciée il est en moyenne de 0,12. Cela traduit bien la richesse en chromatine du noyau des cellules mitotiques.

25. Quel est le vecteur lipidique le plus pertinent pour transporter de la pénicilline?

Pour diminuer les effets secondaires occasionnés par la prise des médicaments, il est nécessaire de baisser la quantité de médicament administré au patient sans pour autant perdre en efficacité. Une solution serait d'administrer directement le médicament au niveau des organes malades (doc. 1).

Les chercheurs travaillent donc à la mise au point d'un nanovecteur qui pourrait être, du fait de sa petite taille, transporté dans tout l'organisme via le sang, peu détecté par le système immunitaire et délivrer le principe actif au niveau de la cellule cible (doc. 2).

Les micelles et les liposomes présentent ces caractéristiques et seraient de bons vecteurs potentiels (doc. 1).

Contrairement aux micelles qui sont délimités par une monocouche de lipides et dont l'intérieur est hydrophobe, les liposomes sont des petites vésicules limitées par une bicouche lipidique dont l'intérieur est hydrophile et peuvent donc servir de vecteur pour transporter des substances hydrosolubles (comme la pénicilline) (doc. 1).

Ainsi, le vecteur qui semble le mieux indiqué pour transporter de la pénicilline est le liposome.

CHAPITRE 4 Le rayonnement solaire

Manuel p. 64-81

I. Introduction

Commentaires pédagogiques

Le chapitre sur le rayonnement solaire fait le lien entre l'énergie produite au sein d'une étoile (réactions nucléaires vues dans le chapitre 1) et le rayonnement solaire reçu sur Terre dont le bilan sera étudié dans le chapitre 5 (bilan radiatif terrestre).

Même si les réactions nucléaires ont été étudiées dans le chapitre 1 et que la formule $E = mc^2$ est célèbre, il est contre-intuitif pour un élève d'imaginer que de la masse disparaît au cours d'une transformation nucléaire et qu'elle est transformée en énergie. C'est pourtant de cette disparition de masse que provient l'énergie produite par le Soleil. La puissance produite par mètre carré à la surface du Soleil est donnée par la loi de Stefan-Boltzmann $P = \sigma T^4$ (cette loi n'est pas à connaître). On peut donc la déterminer si on connaît la température de surface. Or cette température peut être déduite de la loi de Wien si on connaît la longueur d'onde d'émission maximale du Soleil (> Exercice 21 p. 81). On peut également mesurer la puissance par mètre carré hors atmosphère au niveau de la Terre en calculant la surface de la sphère ayant pour rayon la distance Terre-Soleil, et déduire la puissance totale émise par le Soleil (> Activité 1 p. 66-67).

Ce chapitre nécessite d'être vigilant sur différentes grandeurs et unités :

- la puissance totale émise ou reçue en W ;
- la puissance émise reçue par unité de surface en $W \cdot m^{-2}$;
- l'énergie en J reliée à la puissance par la formule : $E = P \times t$ (rappel de 3e) ;
- l'utilisation de l'unité kWh ;
- la température en K : la relation entre K et °C est rappelée à l'élève mais la notion de température absolue n'a jamais été vue et cela mérite donc de s'y arrêter.

Plusieurs valeurs sont données à la puissance reçue par unité de surface :

- 1 361 $W \cdot m^{-2}$ est la puissance reçue hors atmosphère sur une surface perpendiculaire aux faisceaux lumineux.
- 1 000 $W \cdot m^{-2}$ est environ la puissance maximale reçue sur Terre après traversée de l'atmosphère. Pour cela, il faut que le ciel soit dégagé de nuages et que les faisceaux lumineux arrivent perpendiculairement à la surface. Cela n'arrive donc qu'à certains endroits du globe à midi (heure solaire) ou par exemple sur des panneaux solaires disposés perpendiculairement au faisceau (à un instant donné).
- 342 $W \cdot m^{-2}$ est une valeur qui sera davantage utilisée dans le chapitre 5 et qui représente la valeur moyenne de la puissance reçue sur la sphère terrestre hors atmosphère. La surface qui reçoit cette puissance n'est pas forcément perpendiculaire au faisceau lumineux et peut même être plongée dans la nuit.

La variation de la puissance solaire reçue par unité de surface en fonction de l'angle d'inclinaison a pour conséquence d'induire des températures moyennes différentes selon les latitudes, les saisons, le moment de la journée. Il est important de comprendre que le lien entre puissance reçue par unité de surface et température n'est pas automatique, il faut avant tout calculer des températures moyennes.

Outils pédagogiques suggérés

- Vidéo « Tous sur orbite », plusieurs images de synthèse montrent l'inclinaison des rayons lumineux reçus en fonction de la latitude, des saisons, du moment de la journée.
- Manipulations à l'aide de luxmètres, lampes de bureau, plaque de chocolat noir qui fond plus ou moins bien selon l'inclinaison.
- Ce chapitre peut être l'occasion de monter un projet sur les capteurs solaires, étude de la puissance électrique produite en fonction de la surface, de l'inclinaison (ou de la distance – chapitre 5).

Objectifs

→ **Exploiter la relation d'équivalence entre masse et énergie**
→ **Calculer la température de surface d'une étoile**
→ **Traiter statistiquement des données de températures**
→ **Interpréter les variations de puissance reçue du Soleil**

BIBLIOGRAPHIE

Ouvrages de référence

- JACQUES (Bernard), *Énergie solaire : génie énergétique : calculs et optimisation*, Ellipses, Paris, 2011.
- LOISON (Guy), *L'Énergie solaire*, Rustica, Paris, 2011.
- VAUCLAIR (Sylvie), *La Chanson du Soleil : l'intimité de notre étoile dévoilée par ses vibrations*, Albin Michel, Paris, 2002.

Sites internet

- Les explorateurs de l'énergie : http://www.explorateurs-energie.com/index.php/les-energies/solaire
- Institut français de l'éducation : http://acces.ens-lyon.fr/acces/thematiques/paleo/systemclim/effet-de-serre/puissance-solaire
- Site de données climatiques pour les villes du monde entier : https ://fr.climate-data.org/

II. Corrigés

Ouverture p. 64-65

1. Les éruptions solaires sont des événements violents traduisant l'activité intense du Soleil. Cela met en évidence la colossale énergie produite par notre étoile et nous interroge sur son origine. Lors des éruptions solaires, des particules à haute énergie sont émises à travers l'espace et peuvent entraîner des pannes électriques de plusieurs heures comme au Québec en 1989. Le rayonnement émis peut aussi être nocif pour le personnel navigant d'un avion et *a fortiori* pour des astronautes.

2. La Terre montre une grande diversité de climats. Le contraste est grand entre les régions les plus réchauffées par le Soleil et celles qui le sont moins. Pour beaucoup de personnes, cela s'explique par la géométrie de la Terre, les régions polaires étant plus éloignées du Soleil, il leur paraît logique qu'il y fasse plus froid. Mais la différence entre la position de la Terre la plus proche du Soleil et la position la plus éloignée vaut environ 5 millions de km ce qui est bien plus grand que le rayon de la Terre et pourtant nous n'observons pas à l'équateur une alternance entre des moments de grande chaleur et des moments de glaciation.

Les variations de distance entre la Terre et le Soleil sont trop faibles pour expliquer la différence de climat entre les régions équatoriales et les régions polaires.

Activités p. 66-73

Activité 1

- **Durée estimée :** 40 min
- **Objectif :** Déterminer la masse solaire transformée chaque seconde en énergie, à partir de la donnée de la puissance rayonnée par le Soleil.

1. $S = 4\pi r^2 = 4\pi \times (150 \times 10^6)^2 = 2{,}83 \times 10^{17}\ km^2 = 2{,}83 \times 10^{23}\ m^2$

2. $P = K \cdot S = 1\,361 \times 2{,}83 \times 10^{23} = 3{,}85 \times 10^{26}$ W, ce qui correspond à la valeur donnée dans le doc. 4.

3. Chaque seconde l'énergie perdue vaut :

$$E = P \times t = 3{,}84 \times 10^{26}\ \text{J}.$$

Donc $|\Delta m| = \dfrac{E}{c^2} = 4{,}27 \times 10^9$ kg.

Cela paraît énorme mais c'est infime par rapport à la masse du Soleil qui vaut $1{,}99 \times 10^{30}$ kg.

4. À tout instant, il se produit des réactions de fusion nucléaire au cœur du Soleil au cours desquelles la masse des produits est inférieure à la masse des réactifs. La masse manquante est transformée en énergie selon la relation $E = mc^2$. C'est pourquoi la masse du Soleil est en constante diminution.

Synthèse :

Au cœur du Soleil, les noyaux d'hydrogène fusionnent pour former des éléments plus lourds tels que l'hélium. Au cours de ces réactions nucléaires, de la masse disparaît et est convertie en énergie. C'est parce que la masse du Soleil diminue qu'il peut émettre un rayonnement à travers l'espace.

Pour quantifier cette perte de masse, on peut mesurer la puissance solaire reçue par unité de surface à proximité de la Terre hors atmosphère (constante solaire). Si on multiplie cette valeur par la surface de la sphère ayant pour rayon la distance Terre-Soleil, on obtient la puissance totale émise par le Soleil dans toutes les directions, autrement dit l'énergie émise en 1 seconde. Il suffit de diviser cette énergie par la vitesse de la lumière dans le vide au carré pour obtenir la masse perdue chaque seconde par le Soleil, c'est-à-dire $4{,}27 \times 10^9$ kg.

Activité 2

- **Durée estimée :** 40 min
- **Objectif :** Appliquer la loi de Wien pour déterminer la température de surface d'une étoile.

1. Les courbes représentant la distribution spectrale pour un corps noir à 5 900 K et la distribution spectrale pour le Soleil (hors atmosphère) sont très proches, ce qui signifie que le Soleil peut être considéré comme un corps noir dont la température de surface vaut 5 900 K. En revanche, la distribution spectrale de la lumière solaire reçue au niveau de la Terre comporte des zones plus ou moins absorbées : l'atmosphère terrestre absorbe plus ou moins les différentes radiations reçues du Soleil selon leur longueur d'onde.

2. Comme on l'a vu précédemment, la distribution spectrale de la lumière solaire est très proche de celle d'un corps noir théorique porté à 5 900 K. La température en °C vaut donc :

$$\theta = T - 273{,}15 \approx 5\,627\ °C.$$

3. Lorsque la température du corps noir diminue, λ_{max} augmente.

4. Pour Aldébaran, $\lambda_{max} = 740$ nm et pour Rigel, $\lambda_{max} = 485$ nm.

5. Pour Aldébaran, on a donc :

$$T = \frac{2{,}89 \times 10^6}{740} = 3\,905\ \text{K} = 3\,632\ °C \approx 3\,600\ °C$$

Pour Rigel, on a donc :

$$T = \frac{2{,}89 \times 10^6}{485} = 5\,959\ \text{K} = 5\,686\ °C \approx 5\,700\ °C$$

Erratum : il y a eu une erreur dans le spectre fourni car on attend environ 10 000 K pour Rigel. Le document a été changé lors de la réimpression.

6. Les étoiles les plus froides ont une longueur d'émission maximale plus grande, elles paraîtront donc rouges, les étoiles légèrement plus chaudes auront une longueur d'émission maximale au centre du domaine visible et paraîtront donc blanches et les plus chaudes auront une longueur d'émission maximale plus petite et paraîtront donc bleues.

Synthèse :

Pour déterminer la température de surface d'une étoile, il faut donc réaliser le spectre de la lumière émise et représenter la variation d'intensité en fonction de la longueur d'onde. On peut alors repérer la longueur d'onde d'émission maximale, c'est-à-dire la longueur d'onde à laquelle l'intensité est maximale. En appliquant la loi de Wien, il est possible de déterminer la température de surface en K puis la température en °C.

Activité 3

- **Durée estimée :** 40 min
- **Consigne :** Expliquer comment la température moyenne d'un lieu évolue en fonction de la latitude, et quelle en est la cause principale.

La température d'un lieu n'est pas constante **(coup de pouce 1)**, il faut calculer la température moyenne pour en déduire des tendances générales **(coup de pouce 2)**. Par exemple, les températures moyennes valent :

- $T_{moy} = \frac{0{,}5 + 17}{2} = 8{,}75$ °C à Copenhague ;
- $T_{moy} = \frac{-8 + 7}{2} = -0{,}5$ °C à Nuuk ;
- $T_{moy} = \frac{22 + 28}{2} = 25$ °C à Dakar.

On voit bien que plus l'on se rapproche de l'équateur (Dakar) et plus la température moyenne augmente alors que plus on se rapproche des pôles (Nuuk) et plus la température moyenne diminue (**coup de pouce 3**). Ces températures moyennes sont à relier à la puissance solaire reçue par unité de surface. L'inclinaison des faisceaux lumineux est différente dans les trois villes au même moment. Lors de l'équinoxe, à midi heure locale, les inclinaisons sont égales à la latitude du lieu (**coup de pouce 4**) comme le suggère le doc. 2 soit :

- 14° entre le faisceau lumineux et la verticale à Dakar ;
- 55° à Copenhague ;
- 64° à Nuuk.

La surface sur laquelle s'étale le faisceau lumineux vaut donc d'après le doc. 3 :

- 1,03 m^2 à Dakar ;
- 1,74 m^2 à Copenhague ;
- 2,28 m^2 à Nuuk.

La puissance reçue par unité de surface à midi heure locale, lors de l'équinoxe, vaut donc (**coup de pouce 5**) :

- $\frac{1000}{1{,}03} = 971\ W \cdot m^{-2}$ à Dakar ;
- $\frac{1000}{1{,}74} = 575\ W \cdot m^{-2}$ à Copenhague ;
- $\frac{1000}{2{,}28} = 439\ W \cdot m^{-2}$ à Nuuk.

On voit bien que la puissance solaire reçue par unité de surface diminue en allant de l'équateur vers les pôles, c'est pourquoi la température moyenne diminue également en allant de l'équateur vers les pôles.

Activité 4

- **Durée estimée :** 40 min
- **Objectif :** Comprendre l'origine des variations de températures au cours de l'année et de la journée.

1. Dans le doc. 1, on peut voir qu'un faisceau de même section s'étale sur une surface plus grande lors du solstice d'hiver que lors du solstice d'été, la puissance solaire reçue doit donc être divisée par une plus grande surface l'hiver. On peut en déduire que la puissance solaire reçue par unité de surface est plus faible l'hiver que l'été.

2.

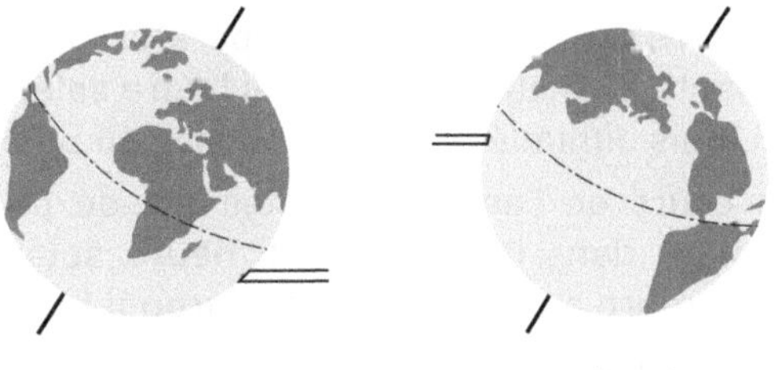

3. La Terre est au plus près du Soleil vers le 3 janvier, c'est alors l'hiver à Paris, mais on voit qu'à ce moment-là un faisceau solaire s'étalerait sur une petite surface, ce serait donc l'été à Dunedin. Lorsque la Terre est la plus éloignée du Soleil, vers le 3 juillet, la situation est inversée, c'est l'été à Paris et l'hiver à Dunedin.

4. Lors du solstice d'hiver à Paris, la journée est la plus courte de l'année, donc le Soleil chauffe moins longtemps ce qui explique pourquoi la température moyenne est plus faible durant cette période. Au contraire, lors du solstice d'été à Paris la journée est la plus longue de l'année, donc le Soleil chauffe plus longtemps, la température moyenne est donc plus importante durant cette période.

5.

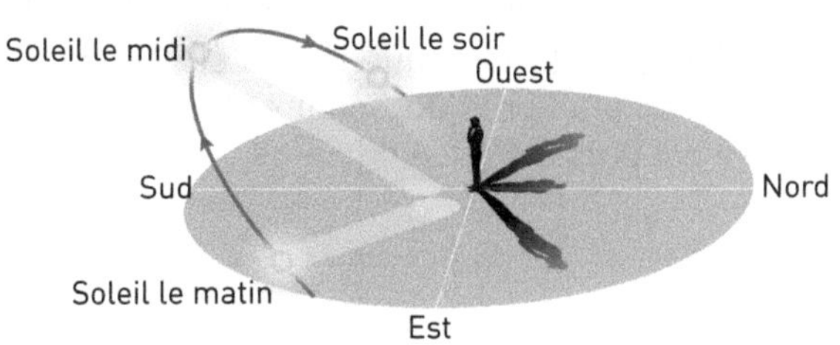

D'après le doc. 3, on voit que c'est vers midi heure solaire (14 h à la montre l'été) que la température moyenne est la plus importante, c'est aussi à ce moment-là que le Soleil est le plus haut dans le ciel. Au contraire, plus le Soleil est bas et plus la température moyenne est basse.

Synthèse :

La hauteur du Soleil dans le ciel varie au cours de la journée et au cours de l'année. Plus le Soleil est haut dans le ciel et plus un faisceau solaire est concentré sur une petite surface. La puissance solaire reçue par unité de surface est plus importante lorsque le Soleil est haut dans le ciel que lorsqu'il est bas. Cela a des conséquences :

- au cours de la journée, la température moyenne augmente du matin jusqu'à midi heure solaire environ, puis diminue jusqu'au coucher du Soleil ;
- au cours de l'année, le Soleil est de plus en plus haut dans le ciel à midi heure solaire du 21 décembre au 21 juin, c'est pourquoi la température moyenne augmente de l'hiver à l'été. Puis le Soleil est de plus en plus bas dans le ciel à midi heure solaire du 21 juin au 21 décembre, c'est pourquoi la température moyenne diminue de l'été à l'hiver. La variation de la hauteur du Soleil dans le ciel au cours de l'année est due à l'inclinaison de l'axe de rotation de la Terre par rapport à la perpendiculaire au plan orbital de la Terre.

Apprendre à apprendre p. 78

1. On peut penser (à tort) que comme on l'a vu en chimie avec Lavoisier, la masse se conserve au cours d'une réaction nucléaire.

On peut penser (à tort) que les étoiles sont comme les robinets, les étoiles rouges sont les plus chaudes et les étoiles bleues sont les plus froides.

On peut penser (à tort) que plus la surface éclairée par un faisceau lumineux sera grande et plus la puissance reçue par unité de surface sera grande.

On peut penser (à tort) que c'est l'été lorsque la Terre est au plus près du Soleil et l'hiver lorsque la Terre est plus éloignée du Soleil.

2.

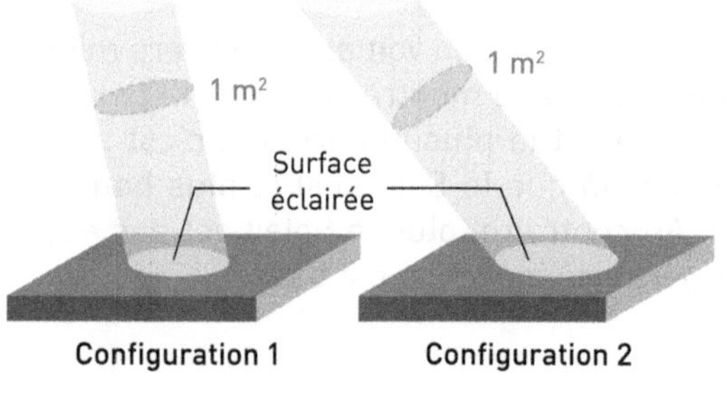

La situation du premier schéma peut être :
- à midi heure solaire ;
- lors du solstice d'été (saison locale) ;
- dans un lieu proche de l'équateur.

La situation du deuxième schéma peut être :
- en soirée ou matinée ;
- lors du solstice d'hiver ;
- pour une latitude importante (lieu éloigné de l'équateur).

3. Énergie dans le système international : J

Énergie pour une consommation électrique : kWh

Puissance solaire reçue : W

Puissance solaire reçue par unité de surface : $W \cdot m^{-2}$

Température absolue : K

Longueur d'onde d'une radiation : m

Température dans les relevés météo : °C

S'entraîner p. 79-80

Équivalence entre masse et énergie

11. 1. Énergie rayonnée par le Soleil en une seconde :

$$E = P \times t = 3{,}84 \times 10^{26}\ J$$

Énergie rayonnée par le Soleil en un jour :

$$E' = P \times t' = 3{,}84 \times 10^{26} \times 24 \times 3\,600 = 3{,}32 \times 10^{31}\ J$$

2. En 1 seconde, la masse perdue vaut :

$$m = \frac{E}{c^2} = 4{,}27 \times 10^{9}\ kg$$

En une journée, la masse perdue vaut :

$$m' = \frac{E'}{c^2} = 3{,}69 \times 10^{14}\ kg$$

12. 1. $\Delta m = 4 \times m(^{1}_{1}H) - m(^{4}_{2}He) - 2 \times m(^{0}_{1}e)$

$= 4{,}23 \times 10^{-29}$ kg

2. $E = \Delta m \cdot c^2 = 3{,}81 \times 10^{-12}$ J

3. Pour une masse de $4m(^{1}_{1}H) = 6{,}69 \times 10^{-27}$ kg, on libère $3{,}81 \times 10^{-12}$ J.

Donc pour une masse $m(^{1}_{1}H) = 7{,}2 \times 10^{11}$ kg, on libère $4{,}1 \times 10^{26}$ J.

Température de surface d'une étoile

13. 1.

$$\lambda_{max1} = \frac{2,89 \times 10^6}{T_1} = \frac{2,89 \times 10^6}{600 + 273,15} = 3\,300 \text{ nm (IR).}$$

$$\lambda_{max2} = \frac{2,89 \times 10^6}{T_2} = \frac{2,89 \times 10^6}{1300 + 273,15} = 1\,800 \text{ nm (IR)}$$

2. Il permet de réaliser une mesure à distance.

14. 1.

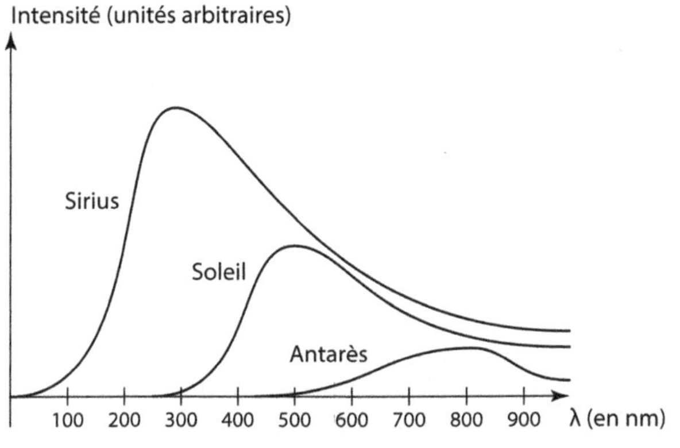

2. Sirius est une étoile bleue, le Soleil une étoile blanche et Antarès une étoile rouge.

3. Par ordre de température croissante, on a Antarès < Soleil < Sirius.

Traitement statistique de températures

15. 1. a.

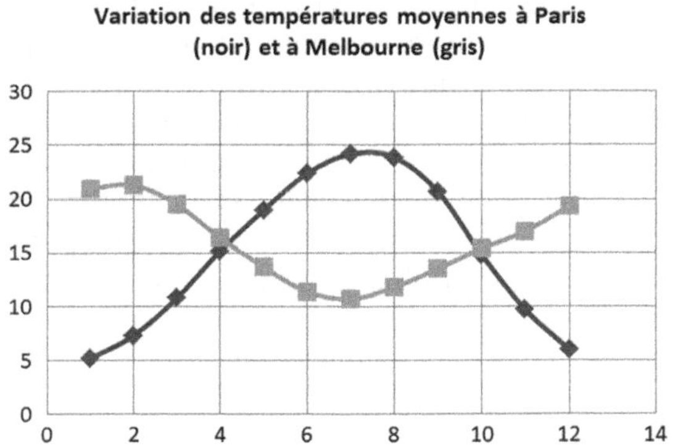

1. b. On observe des températures élevées en juillet-août surtout pour Paris et en janvier-février pour Melbourne. Les saisons sont inversées car Paris est dans l'hémisphère Nord et Melbourne dans l'hémisphère Sud.

2. La température moyenne au cours de l'année à Paris vaut 14,9 °C et 15,9 °C à Melbourne.

3. Melbourne est située à une latitude plus proche de l'équateur, il est donc logique qu'il y fasse plus chaud.

16. 1. En utilisant un tableur, on détermine la valeur moyenne : T = 6,2 °C.

2. T_{min} = 5,4 °C, T_{max} = 7,5 °C et

$$T_{moy} = \frac{5,4 + 7,5}{2} = 6,45 \text{ °C}.$$

Les valeurs restent assez proches mais la manière dont on calcule la moyenne modifie le résultat.

3. L'écart à la normale saisonnière est pratiquement nul.

Variations de la puissance reçue du Soleil

17. Lorsque les vignes sont plantées en pente, la puissance solaire reçue par unité de surface est maximale car les rayons du Soleil arrivent perpendiculairement à la vigne.

18. 1. $S_1 = \frac{1}{\sin(50)} = 1,31 \text{ m}^2$

$S_2 = \frac{1}{\sin(70)} = 1,06 \text{ m}^2$

$S_3 = \frac{1}{\sin(20)} = 2,92 \text{ m}^2$

2. $P_1 = \frac{1000}{1,31} = 763 \text{ W}\cdot\text{m}^{-2}$

$P_2 = \frac{1000}{1,06} = 943 \text{ W}\cdot\text{m}^{-2}$

$P_3 = \frac{1000}{2,92} = 342 \text{ W}\cdot\text{m}^{-2}$

3. La puissance solaire reçue par unité de surface augmente du lever du Soleil jusqu'à 14 h 10 (midi heure solaire) puis diminue jusqu'au coucher du Soleil.

19.

1. Au solstice d'été : $h_1 = 90 + 23 - 43,7 = 69,3°$

Aux équinoxes : $h_2 = 90 - 43,7 = 46,3°$

Au solstice d'hiver : $h_3 = 90 - 23 - 43,7 = 23,3°$

2. $S = \frac{1}{\sin h}$; $P = \frac{P_{sol}}{S} = P_{sol} \times \sin h$

$P_1 = 935 \text{ W}\cdot\text{m}^{-2}$; $P_2 = 723 \text{ W}\cdot\text{m}^{-2}$; $P_3 = 396 \text{ W}\cdot\text{m}^{-2}$

3. La puissance solaire reçue augmente du solstice d'hiver au solstice d'été, puis diminue du solstice d'été au solstice d'hiver.

Vers le BAC p. 81

20. On attend des élèves qu'ils développent les points suivants :

- température moyenne liée à la puissance solaire reçue par unité de surface ;
- plus le Soleil est haut dans le ciel, plus la surface sur laquelle s'étale un faisceau lumineux est petite et plus la puissance solaire reçue par unité de surface est grande ;
- différentes variations de hauteur du Soleil possibles :
- en fonction de la latitude → faisceaux lumineux plus rasants vers les pôles qu'à l'équateur → puissance solaire reçue par unité de surface plus faible vers les pôles → températures moyennes plus faibles vers les pôles ;
- en fonction du moment de la journée : faisceaux lumineux plus rasants le matin ou le soir qu'à midi heure solaire → puissance solaire reçue par unité de surface plus grande vers midi heure solaire → températures moyennes croissantes du matin jusqu'à midi heure solaire et décroissantes de midi heure solaire jusqu'au coucher du Soleil ;
- en fonction du moment de l'année : faisceaux lumineux plus rasants au solstice d'hiver qu'au solstice d'été → puissance solaire reçue par unité de surface plus faible lors du solstice d'hiver → températures moyennes croissantes du solstice d'hiver au solstice d'été puis décroissantes jusqu'au solstice d'hiver.

21. 1. $T = \frac{\sigma_{max}}{\lambda_{max}} = 5\,750$ K ;

$P = 5{,}67 \times 10^{-8} \times 5\,750^4 = 6{,}20 \times 10^7$ W

La puissance rayonnée par le Soleil vaut donc $P_{tot} = P \times S = 3{,}76 \times 10^{26}$ W.

2. L'énergie perdue en 1 s vaut donc : $E_1 = 3{,}76 \times 10^{26}$ J.

La masse perdue chaque seconde vaut donc : $m = \frac{E_1}{c^2} = 4{,}18 \times 10^9$ kg.

Une masse égale à celle de la Terre disparaît donc en $\frac{m_{Terre}}{m} = 1{,}43 \times 10^{15}$ s ≈ 45 millions d'années.

22. 1. Les températures moyennes relevées sont plus grandes vers juin-juillet que vers décembre-janvier, elles ont donc été relevées dans l'hémisphère Nord.

2. Le mois le plus chaud est juillet et le mois le plus froid janvier. Ils ne correspondent pas exactement au solstice d'été et au solstice d'hiver.

3. À deux moments de l'année, la puissance solaire reçue par unité de surface peut être la même puisque le Soleil se trouve à la même hauteur dans le ciel. Cependant, le sol et les océans ont une certaine inertie thermique, c'est-à-dire qu'ils mettent un certain temps à se refroidir ou à se réchauffer. C'est pourquoi le seul paramètre de la puissance solaire reçue par unité de surface ne suffit pas, il faut tenir compte de la température moyenne antérieure au moment considérée pour expliquer la température moyenne relevé à un certain temps. Par exemple, lors des équinoxes de printemps et d'automne, la puissance solaire reçue par unité de surface est la même, mais l'équinoxe d'automne fait suite à une période de températures plus élevées, c'est pourquoi la température moyenne est plus élevée en septembre-octobre qu'en mars-avril.

CHAPITRE 5 Le bilan radiatif terrestre

Manuel p. 82-99

I. Introduction

Commentaires pédagogiques

Dans le chapitre 4, les élèves ont vu que la valeur maximale de la puissance solaire reçue au niveau du sol vaut environ 1 000 W·m^{-2} et que cette valeur dépend de l'inclinaison des faisceaux lumineux avec la surface éclairée. La variation de l'inclinaison peut être à la fois duc à la latitude du lieu mais aussi au moment de la journée ou au moment de l'année

Le chapitre 5 a pour objectif de détailler les échanges d'énergie solaire s'opérant à la surface terrestre. Pour cela, nous avons tenté de montrer progressivement les différents paramètres influençant ces échanges d'énergie. Dans un premier temps, il est intéressant de constater qu'avant même d'entrer dans l'atmosphère, la puissance solaire reçue dépend de la distance de la planète au Soleil. C'est notamment l'objectif de l'activité 1 au cours de laquelle l'élève constatera également que la température n'est pas uniquement liée à la puissance solaire reçue par mètre carré mais aussi à la présence d'une atmosphère > Activité 1 p. 84-85. Dans un deuxième temps, l'activité 2 montre l'influence du sol sur les échanges d'énergie : d'une part le rayonnement solaire est d'autant plus diffusé que l'albédo est important, d'autre part, le rayonnement absorbé par le sol entraîne son échauffement puis l'émission d'un rayonnement infrarouge > Activité 2 p. 86-87. L'activité 3 met en évidence le rôle important de l'atmosphère dans les échanges d'énergie. C'est à cette occasion que l'on peut aborder la notion de gaz à effet de serre > Activité 3 p. 88-89. L'activité 4 quant à elle permet de faire le bilan sur les divers échanges d'énergie solaire et infrarouges afin de mettre en évidence l'équilibre dynamique qui s'opère sur Terre > Activité 4 p. 90-91.

Il paraît intéressant de faire le lien avec le chapitre 4 et de bien préciser aux élèves que la valeur de la puissance solaire reçue vaut environ 1 361 W·m^{-2} hors atmosphère, ce qui fait une moyenne de 342 W·m^{-2} sur toute la surface de la Terre (y compris en considérant la partie nuit). Ces valeurs sont indiquées hors atmosphère contrairement à la valeur de 1 000 W·m^{-2} qui est la puissance maximale reçue au niveau du sol.

Objectifs

- → **Quantifier la puissance solaire reçue hors atmosphère**
- → **Déterminer l'influence de l'albédo sur la puissance solaire reçue**
- → **Analyser la courbe d'absorption de l'atmosphère terrestre**
- → **Représenter les rayonnements reçus et émis par le sol**

BIBLIOGRAPHIE

Ouvrages de référence

- DANIEL (Jean-Yves), BRAHIC (André), HOFFERT (Michel), *Sciences de la Terre et de l'Univers*, Vuibert, Paris, 2006.
- FOUCAULT (Alain), *Climatologie et paléoclimatologie*, Dunod, Malakoff, 2016.
- HUFTY (André), *Introduction à la climatologie*, De Boeck supérieur, Louvain-La-Neuve, 2001.

Sites internet

- Planet Terre, Le bilan radiatif de la Terre : http://planet-terre.ens-lyon.fr/article/bilan-radiatif-terre3.xml
- Planet Terre, Les mécanismes de l'effet de serre : http://planet-terre.ens-lyon.fr/article/explication-effet-de-serre.xml
- IFÉ, Dossier sur l'effet de serre : http://acces.ens-lyon.fr/acces/thematiques/paleo/systemclim/effet-de-serre
- Jean-Marc Jancovici, Qu'est-ce que l'effet de serre ? https://jancovici.com/changement-climatique/aspects-physiques/quest-ce-que-leffet-de-serre/

Issus d'internet

- Planet Terre, Bilan radiatif – Effet de serre, visioconférence de Jean-François Royer : https://planet-terre.ens-lyon.fr/article/bilan-radiatif-effet-serre-2000-JF-Royer.xml

II. Corrigés

Ouverture p. 82-83

1. Les installations des panneaux photovoltaïques sont en constante augmentation depuis 2005 en France. En 2018, l'électricité produite par ces panneaux représentait 1,9 % de la production nationale.

2. Les satellites captent les différents rayonnements émis par la Terre, permettant d'obtenir plusieurs types d'images, notamment utilisées pour prévoir la météo.

Activités p. 84-91

Activité 1

- **Durée estimée :** 40 min (ou plus si expériences faites en classe)
- **Objectif :** Comprendre l'évolution de la température des planètes en fonction de leur distance au Soleil.

1.

Puissance solaire reçue par une planète

$$= \frac{\text{puissance émise par le Soleil}}{\text{surface sur laquelle l'énergie se répartit}}$$

Puissance solaire reçue par Mercure

$$= \frac{3{,}84 \times 10^{26}}{4 \times \pi \times (58 \times 10^{9})^{2}} = 9\ 084\ \text{W}\cdot\text{m}^{-2}$$

Puissance solaire reçue par Vénus

$$= \frac{3{,}84 \times 10^{26}}{4 \times \pi \times (108 \times 10^{9})^{2}} = 2\ 620\ \text{W}\cdot\text{m}^{-2}$$

Puissance solaire reçue par la Terre

$$= \frac{3{,}84 \times 10^{26}}{4 \times \pi \times (150 \times 10^{9})^{2}} = 1\ 361\ \text{W}\cdot\text{m}^{-2}$$

2. Valeurs obtenues :

Éclairement (en $\text{W}\cdot\text{m}^{-2}$)	60	27	13	10	8
$\frac{1}{d^2}$ (en cm^{-2})	$\frac{1}{100}$	$\frac{1}{400}$	$\frac{1}{900}$	$\frac{1}{1\,600}$	$\frac{1}{2\,500}$

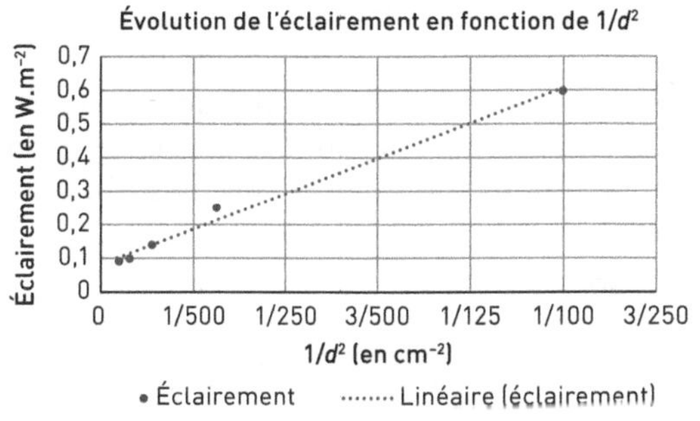

3. On en déduit que :
Puissance reçue par mètre carré hors atmosphère

$$= \frac{\text{Puissance émise par le Soleil}}{\text{distance planète - Soleil}^2}.$$

4. On s'attend à avoir une température de plus en plus basse à mesure que l'on s'éloigne du Soleil. Cependant, on observe (notamment) que sur Vénus, la température est très élevée. On peut supposer que la présence d'une atmosphère ainsi que l'albédo (fraction du rayonnement réémis par la planète) ont une influence sur la température de la planète.

Synthèse :

À la surface d'une planète, la température dépend de la distance au Soleil ainsi que de la présence d'une atmosphère (ainsi que de sa composition) et de quantité de rayonnements réémis (albédo).

Activité 2

- **Durée estimée :** 40 min
- **Objectif :** Comprendre l'influence de la taille d'un astre et de l'albédo sur les échanges entre l'énergie solaire reçue et l'énergie émise par un astre qui n'a pas d'atmosphère.

1.

$$P_{\text{reçue par la Lune}} = \frac{\text{Surface ayant le même rayon que la Lune} \times \text{Puissance émise par le Soleil}}{\text{Surface sur laquelle se répartit la puissance rayonnée par le Soleil}}$$

$$P_{\text{reçue par la Lune}} = \frac{\pi \times (1737 \times 10^3)^2 \times 3{,}84 \times 10^{26}}{2{,}8 \times 10^{23}}$$

$$= 1{,}31 \times 10^{26}\ \text{W}$$

2. $P_{\text{moyenne}} = \frac{P_{\text{reçue}}}{4\pi R^2_{\text{Lune}}} = \frac{1{,}31 \times 10^{26}}{4\pi(1\,737 \times 10^3)^2} = 344{,}4\ \text{W} \cdot \text{m}^{-2}$

La puissance moyenne reçue par mètre carré par la Lune est la même que la Terre.

3. $P_{\text{diff}} = A \times P_{\text{reçue}} = 0{,}31 \times 342 = 106\ \text{W} \cdot \text{m}^{-2}$

4. D'après le calcul précédent, on en déduit que $P_a = 342 - 106 = 236\ \text{W} \cdot \text{m}^{-2}$.

D'où $T^4 = \frac{P_a}{\sigma} = \frac{236}{5{,}67 \times 10^{-8}}$

Et T = 254 K soit − 19 °C.

5. En l'absence d'atmosphère, la température de la Terre devrait avoisiner les − 15 °C (− 20 °C). Cependant, la température moyenne de la Terre est de +15 °C, ce qui montre que l'atmosphère permet d'augmenter la température moyenne terrestre.

Synthèse :

La puissance totale reçue et la puissance totale émise par une planète dépendent de sa distance au Soleil, de son rayon et de son albédo.

Activité 3

- **Durée estimée :** 40 min
- **Objectif :** Comprendre les interactions entre l'atmosphère et les rayonnements reçus.

1. Les principales longueurs d'onde absorbées sont les UV et les infrarouges.

2. Les infrarouges sont absorbés par l'eau (H_2O) en majorité, ainsi que le CO_2, le NO_2 et l'ozone (O_3).

3. D'après la loi de Wien (avec une température moyenne terrestre de 15 °C) :

$$\lambda_{\text{max}} = \frac{2{,}90 \times 10^{-3}}{15 + 273{,}15} = 10^{-5}\ \text{m} = 10\ \mu\text{m}$$

4.

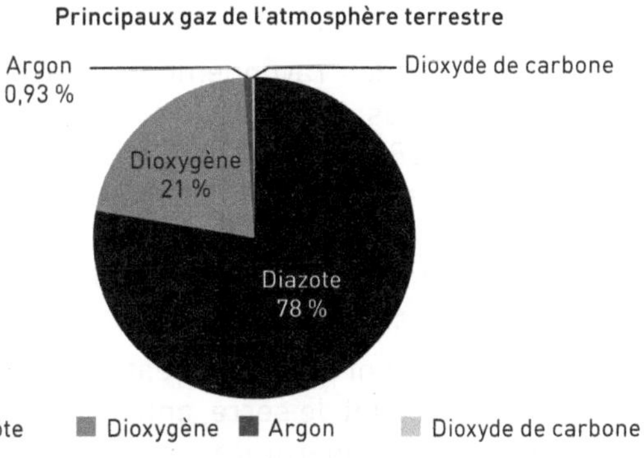

5. L'ozone est le principal gaz qui absorbe les UV, il se trouve principalement dans la stratosphère (= « couche d'ozone »).

Synthèse :

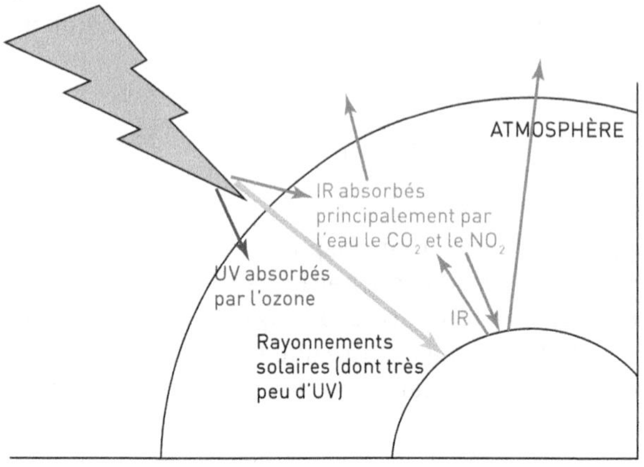

Activité 4

- **Durée estimée :** 50 min
- **Objectif :** Comprendre les interactions entre l'atmosphère et les rayonnements reçus.

1. Dans le cas d'une planète sans atmosphère, le sol émet 100 $W \cdot m^{-2}$ (issus des 100 $W \cdot m^{-2}$ provenant uniquement du rayonnement solaire). Dans le cas d'une planète avec une atmosphère mince, le sol reçoit 100 $W \cdot m^{-2}$ provenant du rayonnement solaire ainsi que 100 $W \cdot m^{-2}$ provenant du rayonnement infrarouge émis par les gaz à effet de serre : il émet donc 200 $W \cdot m^{-2}$, soit 2 fois plus que sans atmosphère.

2. Sachant que la température moyenne terrestre est de 15 °C, soit 288,15 K, et que la température sans atmosphère serait de – 15 °C, soit 258,15 K, alors l'augmentation est de :

$$\frac{(288{,}15 - 258{,}15) \times 100}{258{,}15} = 11{,}6\ \%.$$

3. Le sol reçoit des rayonnements provenant du Soleil et de l'atmosphère, soit :

$$168 + 324 = 492\ W \cdot m^{-2}.$$

Il émet vers l'espace et l'atmosphère de rayonnements de : 67 + 350 + 78 + 24 = 492 $W \cdot m^{-2}$. On peut donc dire que la Terre est en équilibre thermique (le sol reçoit autant qu'il émet).

4. Le réchauffement climatique est dû à l'augmentation des gaz à effet de serre, entraînant une augmentation de la température moyenne du globe.

Cette augmentation de température a pour conséquence une modification des milieux de vie donc de la répartition des êtres vivants.

Par exemple, le hêtre étant un arbre de milieu tempéré voire froid, on en trouve actuellement quasiment partout en France et plus particulièrement dans les montagnes. Or si la température moyenne augmente, il risque de ne plus y avoir de hêtres dans la moitié Sud/Sud-Ouest de la France en 2100. De même, les espèces animales capables de déplacement vont migrer vers des régions plus froides.

Synthèse :

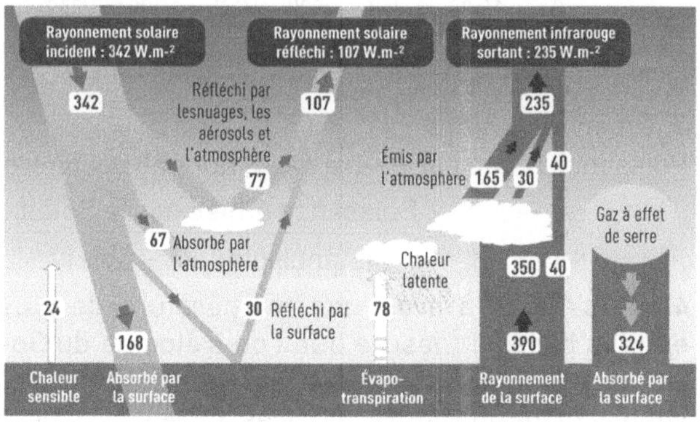

Apprendre à apprendre p. 96

1. Les surfaces claires permettent d'avoir un albédo élevé, donc que le rayonnement absorbé soit plus faible donc que les murs des habitations chauffent moins.

2. Les rayons UV sont principalement absorbés par l'ozone présente dans la stratosphère, ils n'arrivent donc pas jusqu'au sol.

3. Les flèches semblent indiquer que les rayonnements reçus et émis sont équivalents, ce qui n'est pas le cas (cf. schéma p. 93).

4.

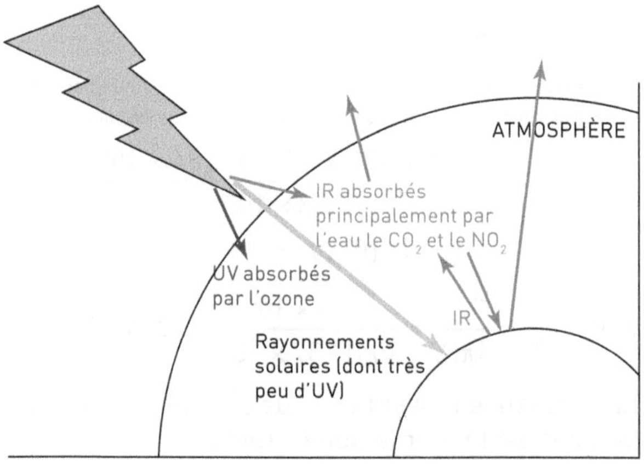

S'entraîner p. 97-98

Puissance solaire reçue hors atmosphère

12. 1. Surface S′ sur laquelle se répartit toute l'énergie solaire émise au niveau de la Terre :

$S' = 4\pi \times (d_{Terre\text{-}Soleil})^2 = 2{,}83 \times 10^{23}$ m²

2. Surface S du disque de même rayon que la Terre :

$S = \pi R^2_{Terre} = 1{,}29 \times 10^{14}$ m²

3. Puissance totale reçue par la Terre et l'énergie reçue en 1 s :

$P_{tot} = \frac{S}{S'} \times P_{émise} = 1{,}76 \times 10^{17}$ W et l'énergie vaut

donc $E = 1{,}76 \times 10^{17}$ J $= 1{,}76 \times 10^{14}$ kJ.

4. La masse de glace qui peut fondre avec une telle énergie représente :

$m = \frac{1{,}76 \times 10^{14}}{333{,}5} = 5{,}26 \times 10^{11}$ kg

m = 526 milliards de kg = 526 millions de tonnes

13. 1. La surface de la sphère vaut :

$S' = 4\pi r^2 = 2{,}83 \times 10^{23}$ m².

2. Puissance totale reçue au niveau des panneaux solaires :

$S = 9$ km² $= 9 \times 10^6$ m²,

donc $P_{reçue} = \frac{S}{S'} \times P_{émise} = 1{,}23 \times 10^{10}$ W.

3. La puissance électrique vaut donc :

$P_e = 0{,}2 \times P_{reçue} = 2{,}46 \times 10^9$ W.

L'énergie électrique produite en 1 an en Wh vaut donc $E = P_e \times 24 \times 365{,}25 = 2{,}15 \times 10^{13}$ Wh.

4. L'énergie électrique produite par les panneaux solaires vaudrait 21,5 TWh ce qui représenterait 4,5 % environ de la consommation électrique annuelle française.

Albédo et puissance solaire reçue sur le sol

14. 1. L'albédo est la fraction de rayonnement diffusé par une surface.

2.

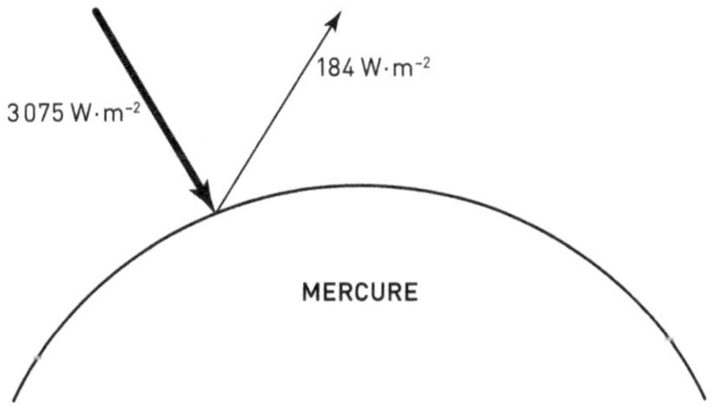

15. 1. $P_{reçue} = 342 - 67 - 77 = 198$ W·m⁻²

2. $P_{absorbé(océans)} = P_{reçue}\,(1 - 0{,}07) = 184$ W·m⁻²

$P_{absorbé(sable)} = P_{reçue}\,(1 - 0{,}32) = 135$ W·m⁻²

$P_{absorbé(neige)} = P_{reçue}\,(1 - 0{,}9) = 20$ W·m⁻²

Absorption de l'atmosphère terrestre

16. 1. L'atmosphère peut diffuser le rayonnement vers l'espace, mais elle peut aussi absorber ce rayonnement.

2. On serait plongés dans l'obscurité.

3. L'atmosphère nous protège de rayons UV de plus petite longueur d'onde.

4. L'atmosphère est complètement transparente pour des longueurs d'onde situées vers 20 cm, la communication avec les satellites GPS peut donc avoir lieu.

17. 1. D'une part ils sont absorbés par le dioxygène et l'ozone et d'autre part ils sont diffusés par les molécules de l'atmosphère.

2. Chaque molécule composant l'atmosphère se comporte comme une source de lumière qui émet de la lumière, principalement dans les faibles longueurs d'onde, donc le bleu.

3. Si la lumière blanche s'appauvrit en faibles longueurs d'onde, il n'émettra plus que du rouge et du vert, soit une couleur résultante verte.

Rayonnements reçus et émis par le sol

18. 1. Le sol reçoit en permanence 168 W·m⁻² de rayonnements solaires et 324 W·m⁻² d'infrarouges atmosphériques soit 492 W·m⁻².

2. La géothermie libère une proportion de

$\frac{87 \times 10^{-3}}{492} = 0{,}017$ %, ce qui n'est pas significatif.

19. 1. Puissance solaire totale absorbée par la surface :

$P_{océans} = P_{reçue}$ (1 – 0,07) = 186 W · m^{-2} donc

$P_{tot\ (océans)} = P_{océans} \times S = 3{,}37 \times 10^{14}$ W

$P_{banquise} = P_{reçue}$ (1 – 0,9) = 20 W · m^{-2} donc

$P_{tot(banquise)} = P_{banquise} \times S = 3{,}62 \times 10^{13}$ W

2. Énergie absorbée en 24 h sur les deux types de surfaces :

$E_{océans} = P_{tot\ (océans)} \times t = 2{,}91 \times 10^{19}$ J

$E_{banquise} = P_{tot(banquise)} \times t = 3{,}11 \times 10^{18}$ J

3. L'énergie absorbée est beaucoup plus importante dans les océans donc si la glace fond, la température augmente plus rapidement ce qui accélère la fonte de la banquise.

Vers le BAC p. 99

20. 1. La surface de la sphère au niveau de Mars vaut : $S_1 = 4\pi\ (d_{Mars\text{-}Soleil})^2 = 6{,}53 \times 10^{23}$ m^2.

La surface de la sphère au niveau de Jupiter vaut : $S_2 = 4\pi(d_{Jupiter\text{-}Soleil})^2 = 7{,}62 \times 10^{24}$ m^2.

2. La puissance totale reçue par Mars vaut donc :

$$P_1 = \frac{S_{disque\ Mars}}{S_1} \times P_{émise} = 2{,}13 \times 10^{16}\ \text{W}.$$

La puissance totale reçue par Jupiter vaut donc :

$$P_2 = \frac{S_{disque\ Jupiter}}{S_2} \times P_{émise} = 7{,}78 \times 10^{17}\ \text{W}.$$

La puissance totale reçue par Jupiter est donc plus importante.

3. La puissance solaire moyenne reçue par Mars vaut : $P_1' = \frac{P_1}{4\pi R^2_{Mars}} = 147$ W·m^{-2}.

La puissance solaire moyenne reçue par Jupiter vaut : $P_2' = \frac{P_2}{4\pi R^2_{Jupiter}} = 12{,}7$ W·m^{-2}

4. La température des planètes n'est pas liée à la puissance solaire totale reçue mais à la puissance solaire moyenne par mètre carré. Jupiter a donc une température plus faible car elle est située plus loin que Mars du Soleil, sa taille n'a aucune importance.

21. Il y a 800 millions d'années, le supercontinent Rodinia s'est disloqué. L'altération des roches et la mise en place de basaltes qui ont eu lieu à cette époque ont conduit à la consommation (donc la diminution) de CO_2 atmosphérique.

Le CO_2 étant un gaz à effet de serre, sa diminution entraîne la diminution de la température globale de la Terre. Les simulations (GEOCLIM) montrent qu'en dessous d'un certain seuil de CO_2 atmosphérique, la Terre peut se recouvrir complètement de glaces.

Ce phénomène peut également s'expliquer par l'albédo : en effet, plus la surface des glaces s'étend, plus l'albédo augmente donc la puissance de rayons diffusés augmente, entraînant une baisse des températures.

Ainsi, la diminution de l'effet de serre et l'augmentation de l'albédo à cette époque ont contribué à diminuer fortement la température globale terrestre.

CHAPITRE 6 Une conversion naturelle de l'énergie solaire : la photosynthèse

Manuel p. 100- 117

I. Introduction

Commentaires pédagogiques

Dans la continuité du chapitre précédent, cette partie aborde le devenir de l'énergie solaire au niveau de la biosphère terrestre.

Il s'agit d'une vision plus globale des notions déjà vues les années précédentes : que devient l'énergie solaire après avoir été absorbée par les organismes photosynthétiques ?

Ainsi, en partant de la photosynthèse à l'échelle de la planète, on aborde les flux à différentes échelles, les conversions énergétiques et transformations qui permettent aux êtres vivants de produire leur propre énergie, et d'expliquer en quoi les combustibles fossiles sont les vestiges d'une vie passée.

Plusieurs notions sont remobilisées :

- L'ensemble des réactions du métabolisme (photosynthèse, respiration, fermentation) abordées dès le cycle 2 en Sciences, bien que le programme précise bien qu'aucun développement sur les mécanismes cellulaires et moléculaires n'est exigible.

- Les conversions énergétiques (abordées dès le cycle 3 et revues dans les chapitres précédents).

- Les combustibles fossiles, de leur origine à leur devenir, ainsi que la sédimentation (nécessaire à la compréhension des mécanismes de fossilisation).

Parmi les enjeux auxquels on peut sensibiliser les élèves, il est intéressant de développer une analyse critique du vocabulaire d'usage courant, notamment en ce qui concerne les abus de langages tels que « énergie fossile » souvent employée – à tort – à la place de « combustible fossile », la notion « d'énergie propre », etc.

Objectifs

- → **Constater l'importance planétaire de la photosynthèse**
- → **Représenter les échanges d'énergie au niveau d'une feuille**
- → **Comparer les spectres d'absorption et d'action photosynthétiques**
- → **Mettre en évidence la conversion de l'énergie lumineuse en énergie chimique**
- → **Discuter l'origine biologique d'un combustible fossile**

BIBLIOGRAPHIE

Ouverture littéraire

- HALLÉ (Francis), *Éloge de la plante : pour une nouvelle biologie*, Points, Paris, 2014.
- TASSIN (Jacques), *À quoi pensent les plantes ?*, Odile Jacob, Paris, 2016.

Ouvrages de référence

- MEYER (Sylvie), REEB (Catherine), BOSDEVEIX (Robin), *Botanique : biologie et physiologie végétales*, Maloine, Paris, 2008.
- CAMPBELL (Neil), REECE (Jane), *Biologie*, Pearson, Montreuil, 2012.
- HELLER (René), ESNAULT (Robert), LANCE (Claude), *Physiologie végétale, Volume 1, Nutrition*, Dunod, Malakoff, 2004.
- RAVEN (Peter), EVERT (Ray), EICHHORN (Susan), *Biologie végétale*, De Boeck, Louvain-La-Neuve, 2014.
- HOPKINS (William), *Physiologie végétale*, De Boeck, Paris, 2003.

Sites internet

- Planet Vie, La photosynthèse, généralités : https://planet-vie.ens.fr/article/1507/photosynthese-generalites
- IFÉ, Combustibles fossiles : http://acces.ens-lyon.fr/acces/thematiques/CCCIC/ccl/petrole/comprendre
- Jean-Marc Jancovici, notamment pour la critique du langage d'usage courant : https://jancovici.com/category/transition-energetique/

II. Corrigés

Ouverture p. 100-101

1. La biomasse des végétaux représente plus de 80 % des êtres vivants. Au niveau des continents, les forêts représentent des étendues visibles depuis l'espace et dont la canopée capte les rayons lumineux.

2. Au niveau des océans, le phytoplancton est le principal convertisseur d'énergie solaire en énergie chimique. La matière organique issue de cette photosynthèse est à la base de la plupart des chaînes alimentaires marines et participe à de grandes échelles de temps à la formation de combustibles fossiles (pétrole, gaz).

Activités p. 102-109

Activité 1

- **Durée estimée :** 40 min
- **Objectif :** Comprendre les flux d'énergie et de matière issus de la photosynthèse à l'échelle planétaire.

1. Mise en relation des besoins des organismes photosynthétiques selon les latitudes

	Zone intertropicale (faible latitude)	Zone tempérée (latitude moyenne)	Zone « polaire » (latitude élevée)
Eau (au niveau des continents)	++ - déserts	++	+/-
Sels minéraux (au niveau des océans)	++ (upwelling, embouchure de fleuves)	++ (upwelling, embouchure de fleuves...)	++ (upwelling, embouchure de fleuves)
Lumière	+++	++	+
Abondance organismes photosynthétiques	+++ (sauf déserts)	++	+/- continents ++ océans

Les signes « + » et « - » représentent l'abondance/ la disponibilité.

Les zones de forte productivité primaire au niveau des continents sont situées dans les zones intertropicales et tempérées, montrant que les organismes chlorophylliens ont besoin de lumière et d'eau.

Les zones de forte productivité primaire au niveau des océans sont situées là où les sels minéraux sont abondants.

2. La photosynthèse utilise moins de 0,1 % de la puissance solaire reçue :

Puissance solaire réellement reçue (avec albédo) $= 1{,}8 \times 10^{17} \times 0{,}7 = 1{,}26 \times 10^{17}$ J·s^{-1}

Pourcentage de la puissance utilisée par la photosynthèse $= \dfrac{1{,}24 \times 10^{15}}{1{,}26 \times 10^{17}} = 0{,}09$ %.

3. En 1969, le CO_2 d'origine anthropique était d'environ 15 000 Mt (soit 15 Gt).

En 2017, il était d'environ 37 000 Mt (soit 37 Gt).

Cela représente une augmentation de $\dfrac{(37 - 15) \times 100}{15} = 213{,}3$ %.

Synthèse :

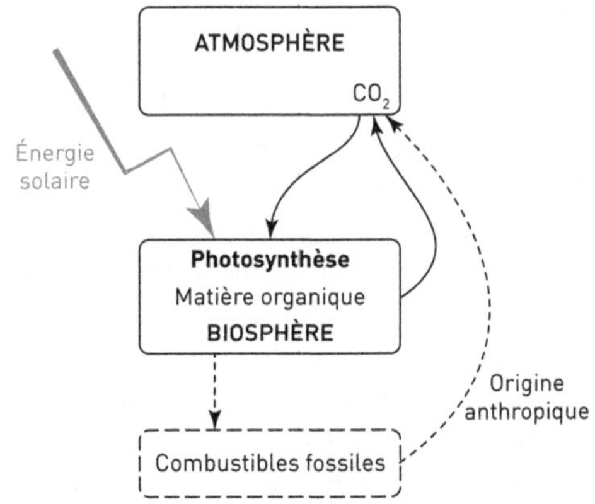

Schéma montrant les échanges entre l'atmosphère et la biosphère

Activité 2

- **Durée estimée :** 40 min (ou plus si expériences faites en classe)
- **Objectif :** Expliquer les interactions entre l'énergie lumineuse et la feuille verte d'une plante.

1. Selon les conditions, la fraction de la puissance radiative reçue par la feuille utilisée par la photosynthèse peut être de :

- conditions optimales (2/3 reçus, échauffement de 17,5 % et fluorescence de 0,5 %) :

$$\frac{2}{3} \times (100 - 17{,}5 - 0{,}5)\ \% = 54{,}67\ \%$$

- conditions les moins bonnes (2/3 reçus, échauffement de 98 % et fluorescence de 2%) :

$$\frac{2}{3} \times (100 - 98 - 2)\ \% = 0\ \%$$

2. Les pigments contenus dans la feuille d'une plante verte sont les chlorophylles (a et b), les xanthophylles et les carotènes.

3. La chlorophylle a absorbe principalement dans le domaine du violet-bleu (400–450 nm) et rouge (660–690 nm).

La chlorophylle b absorbe principalement dans le bleu (470–500 nm) et dans l'orange (640–650 nm).

Les caroténoïdes absorbent principalement dans le bleu (440–540 nm).

Les pigments bruts absorbent donc principalement dans le violet-bleu (400–540 nm) et dans l'orange-rouge (640–690 nm), d'où leur couleur verte (domaine de longueurs d'onde le moins absorbé).

4.

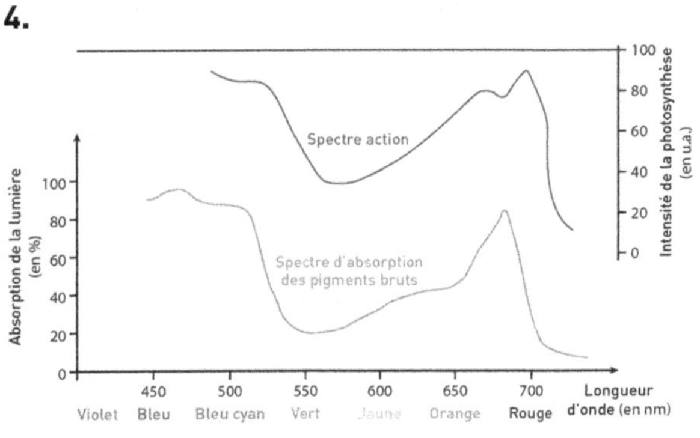

Spectres d'absorption et d'action d'un végétal vert

Synthèse :

Les deux spectres sont comparables : le spectre d'action est élevé dans les mêmes domaines de longueurs d'onde que les maximums d'absorption (violet-bleu 400–540 nm et orange-rouge 640–690 nm). Cela signifie que la photosynthèse est la plus efficace lorsque la plante verte est éclairée dans ces longueurs d'onde, absorbées par les pigments contenus dans les chloroplastes des cellules de la feuille.

Activité 3

- **Durée estimée :** 40 min
- **Objectif :** Comprendre comment l'énergie lumineuse est convertie par les végétaux en molécules organiques, ensuite utilisées pour le fonctionnement des êtres vivants.

1. À l'obscurité, la concentration en O_2 diminue : il y a consommation d'O_2 par les fragments de feuille. Cela montre que les cellules végétales respirent en l'absence de lumière. La respiration se fait dans les mitochondries.

À la lumière, la concentration en O_2 augmente : il y a production d'O_2 par les fragments de feuille. Cela montre que les cellules végétales font de la photosynthèse en présence de lumière. La photosynthèse se fait dans les chloroplastes.

À la lumière et en présence de cyanure, on observe que la production d'O_2 est plus élevée que sans cyanure. Cela met en évidence que les cellules végétales respirent en permanence (même à la lumière).

2. Le test au lugol permet de mettre en évidence la production d'amidon (donc de matière organique) dans les parties de la feuille qui sont éclairées et qui possèdent de la chlorophylle, conditions nécessaires (en plus de la présence de CO_2) pour que l'énergie lumineuse soit convertie en énergie chimique (matière organique).

3. Les molécules organiques contenues dans les graines sont consommées par les cellules végétales, notamment celles de l'embryon lors de la germination (doc. 3).

Ces molécules organiques peuvent également être consommées par d'autres organismes (des consommateurs primaires), par exemple : le charançon (pour qui les molécules organiques permettront de lui fournir de l'énergie grâce à la respiration) et les levures (pour qui les molécules organiques permettront de leur fournir de l'énergie grâce à la fermentation) (doc. 4).

Synthèse :

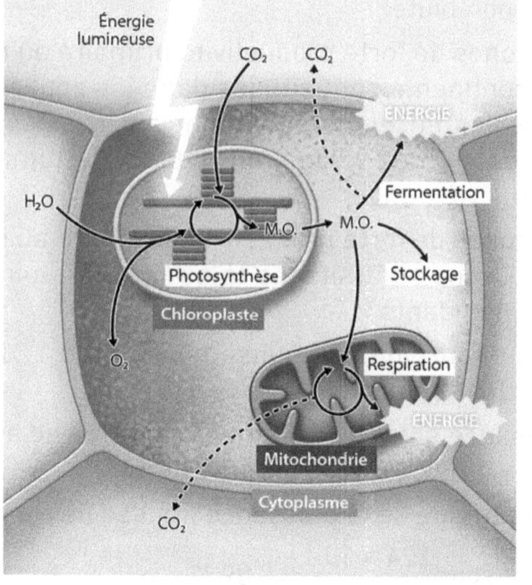

L'énergie lumineuse est absorbée et convertie en énergie chimique (molécules organiques) au niveau des feuilles vertes. Ces molécules seront ensuite consommées par d'autres cellules ou organismes permettant de fournir de l'énergie par respiration et/ou fermentation.

Activité 4

- **Durée estimée :** 55 min
- **Consigne :** Discuter l'origine biologique de ce charbon en indiquant les conditions géologiques et les étapes qui ont conduit à sa formation.

Les traces fossiles d'anciens végétaux, comparables aux fougères actuelles, sont l'un des indices permettant d'argumenter en faveur d'une origine biologique du charbon **(coup de pouce 1)**.

Au Carbonifère (–300 Ma), « l'Europe » se trouve dans la zone intertropicale, région où les forêts sont le lieu d'une productivité végétale très importante **(coup de pouce 3)**. Cette abondante végétation s'est ensuite retrouvée dans des conditions particulières, dont les traces sont visibles sur la coupe géologique de cette zone : sédimentation, enfouissement, augmentation de la pression et de la température dans des conditions anoxiques (pauvres en O_2) en présence de certaines bactéries **(coup de pouce 2)**.

De grandes quantités de végétaux de l'époque ont ainsi été fossilisées et se retrouvent sous la forme de charbons, exploités en creusant des mines dans ces régions.

Apprendre à apprendre p. 114

1.

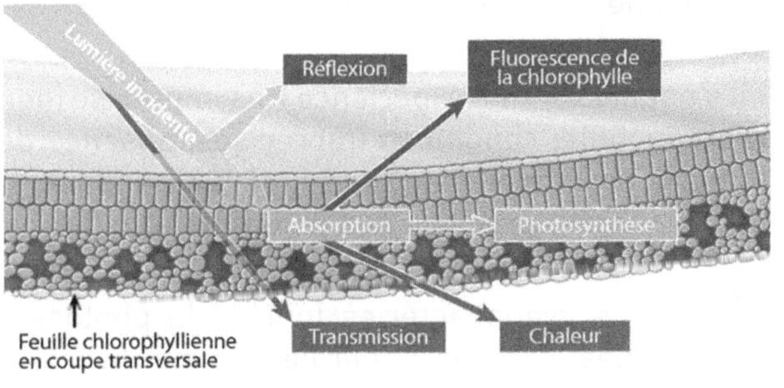

2. Afin de déterminer les longueurs d'onde lumineuses utiles à la photosynthèse, on détermine le spectre d'action photosynthétique, c'est-à-dire qu'on éclaire l'organisme photosynthétique avec différentes longueurs d'onde et on mesure la quantité de O_2 produite (ou de CO_2 consommée). Plus elle est élevée, plus la photosynthèse est efficace.

3. « Photo » du grec ancien « phôtos » signifie « lumière » et « synthèse » du grec ancien signifie « mise en commun » ou « production » : la photosynthèse permet la production de matière organique à partir de l'absorption et de la conversion de l'énergie lumineuse.

4. L'énergie lumineuse absorbée par les organismes photosynthétiques est convertie en énergie chimique sous la forme de matière organique. Celle-ci peut être transformée en charbon ou pétrole/gaz (selon l'origine de la matière organique) par fossilisation.

S'entraîner p. 115-116

Importance planétaire de la photosynthèse

13. 1. La productivité primaire nette des forêts est plus élevée dans les régions intertropicales que dans les régions tempérées, elle-même plus élevée que celle des forêts boréales.

2. Les différences d'ensoleillement et la disponibilité en eau (et en sels minéraux) peuvent expliquer cette disparité.

3. Il n'est pas possible d'établir le même raisonnement pour la productivité des océans car celle-ci est davantage dépendante des sels minéraux dont la répartition est très différente d'un endroit à l'autre des océans, notamment en raison des courants d'upwelling et des embouchures de fleuves.

14. 1. Les microalgues présentes dans la colonne Morris captent l'énergie lumineuse et la transforment en molécules organiques grâce à la photosynthèse. Ces molécules organiques sont ensuite évacuées vers une station d'épuration où elles seront transformées en biométhane.

2. Un bioréacteur fixant 1 tonne de CO_2 par an et un arbre en fixant 10 kg par an, on peut donc calculer qu'un bioréacteur fixe l'équivalent de ce que peuvent fixer 100 arbres.

3. Les microalgues utilisent de l'énergie lumineuse pour leur croissance. Celle obtenue après recyclage est une énergie chimique (biométhane).

4. Le biogaz est une source d'énergie renouvelable car son renouvellement est assez rapide et, comme sa production utilise indirectement l'énergie solaire, elle peut être considérée comme quasiment inépuisable (à l'échelle humaine).

Échanges d'énergie au niveau d'une feuille

15. 1. Un panneau solaire permet la conversion d'énergie solaire en électricité. Les 2 400 kWh et 1 500 kWh correspondent à la quantité d'énergie produite par les 10 m² pendant une année.

La quantité d'énergie reçu par ensoleillement est de $1 \times 8 \times 365 = 2{,}9 \times 10^3$ kWh/m² sur une année.

Le rendement est donc à Marseille de $\frac{2\,400}{2\,900 \times 10} = 8{,}3\,\%$ et à Lille de $\frac{1500}{2\,900 \times 10} = 5{,}2\,\%$.

2. Le rendement de la photosynthèse étant d'environ 0,1 %, il est nettement inférieur à celui d'un panneau solaire.

16. 1. D'après les définitions données dans l'exercice, l'évapotranspiration se produit à l'échelle de l'écosystème, tandis qu'à l'échelle de la feuille il s'agit de transpiration. Dans la prise de note il faut donc remplacer « évapotranspiration » par « transpiration ».

2. Voici un schéma comportant des flèches de tailles proportionnelles aux pourcentages respectifs.

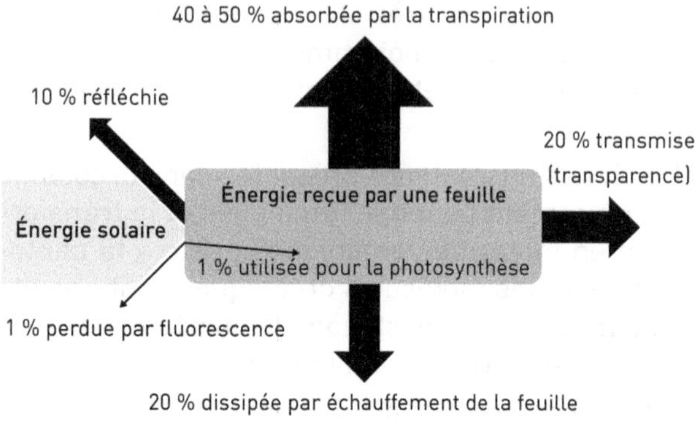

Spectres d'absorption et d'action photosynthétiques

17. Plus on s'enfonce sous l'eau, moins les différentes longueurs d'onde sont transmises : les longueurs d'onde dans le rouge sont les premières à ne plus passer (moins de 10 m de la surface) puis orange, jaune, bleu et plus aucune ne passe au-delà de 100 m de profondeur.

Les algues vertes ayant un spectre d'absorption comparable à celui des plantes vertes, elles absorbent principalement dans le violet-bleu et rouge : elles se développent donc mieux à la surface.

Les algues brunes étant capables d'absorber dans le violet-bleu et le vert-jaune, elles peuvent se développer un peu plus en profondeur.

Les algues rouges, ayant une bonne absorption des longueurs d'onde dans le violet et le vert, peuvent se développer plus profondément (100 m de profondeur).

Conversion d'énergie

18. 1. D'après l'article, il n'est pas dangereux de dormir avec des plantes car même si elles respirent la nuit, la quantité de gaz carbonique (CO_2) qu'elles libèrent est infime, donc il n'y a pas de risque d'asphyxie.

2. Les plantes font de la photosynthèse (et de la respiration) le jour et la nuit, les plantes, les personnes et animaux domestiques font de la respiration.

3. Cet article présente plusieurs erreurs, notamment :

- il confond oxygène/dioxygène ;
- il donne l'impression que les plantes ne respirent pas la journée ;
- il s'appuie sur une expérience très imprécise (non reproductible, conditions imprécises, absence de témoin, argument d'autorité « un scientifique », pas de valeurs précises des différents gaz...).

19. 1. Les cyanobactéries font de la photosynthèse, elles captent l'énergie lumineuse et la convertissent en énergie chimique sous la forme de molécules organiques qui seront utilisées par le champignon.

Le champignon respire et apporte l'eau et les « nutriments » (sels minéraux) utilisés par les cyanobactéries.

2. L'énergie lumineuse est convertie en énergie chimique par les cyanobactéries. Mais le dispositif capte les électrons produits par les cyanobactéries pour en faire de l'électricité.

3. Ce dispositif détourne la photosynthèse en captant une partie des électrons qui auraient dû servir à la production de matière organique.

Origine biologique d'un combustible fossile

20. Dans le pétrole, on retrouve des molécules (porphyrine) d'origine organique (présence de C et de H) qui peuvent être issues de la transformation de la chlorophylle. C'est un argument en faveur de l'origine biologique (phytoplancton, notamment) du pétrole.

Par ailleurs, l'étude du rapport $\delta^{13}C$ du pétrole (–25 à –15 ‰) montre qu'il est comparable à ceux des molécules carbonées organiques (organismes marins, plantes terrestre, matière organique du sol), donc que son origine est probablement biologique.

Vers le BAC p. 117

21. Les organismes photosynthétiques sont capables, grâce à leurs pigments (chlorophylles, caroténoïdes...), d'absorber certaines longueurs d'onde de la lumière et ainsi de transformer l'énergie solaire en énergie chimique sous la forme de molécules organiques.

Ces molécules organiques sont ensuite consommées par les cellules de la plante elle-même ou par des consommateurs pour produire de l'énergie par respiration et/ou par fermentation.

22. 1. Constante solaire martienne

$$= 1361 \times \frac{(150 \times 10^6)^2}{(227 \times 10^6)^2} = 589\ \text{W} \cdot \text{m}^{-2}.$$

2. Biomasse théorique = énergie utilisée par la photosynthèse en une année martienne

Sachant que la constante solaire de Mars est de 589 $\text{W} \cdot \text{m}^{-2}$, que la durée d'éclairement est de 12 h par jour martien, qu'il y a 668 jours par année martienne, que la photosynthèse n'utilise que 0,1 % de l'énergie reçue et qu'1 kg de matière organique contient 20 MJ d'énergie :

Biomasse théorique

$$= \frac{589 \times 668 \times 12 \times 3\,600 \times 0{,}1\,\%}{20 \times 10^6} = 0{,}85\ \text{W} \cdot \text{m}^{-2}$$

23. Dès le printemps, les parties chlorophylliennes (feuille + tige) de l'iris sortent de terre : elles peuvent alors absorber l'énergie lumineuse et la transformer en énergie chimique sous la forme de molécules organiques, c'est-à-dire qu'il peut donc y avoir photosynthèse du printemps jusqu'à l'automne (période à laquelle les feuilles et tige fanent), en plus de la respiration permanente des cellules végétales.

Le rhizome peut respirer malgré la vase peu riche en O_2 grâce à ses échanges de gaz avec les parties aériennes par l'aérenchyme.

Cependant, en hiver, seul le rhizome persiste dans la vase qui est anaérobie (c'est-à-dire très appauvrie en O_2). En l'absence de parties aériennes chlorophylliennes il ne peut pas y avoir photosynthèse et en l'absence d'O_2, il ne peut pas y avoir respiration.

Le rhizome produit alors son énergie grâce à la fermentation des molécules organiques qu'il contient, en attendant le printemps suivant.

CHAPITRE 7 Le bilan thermique du corps humain

Manuel p. 118-133

I. Introduction

Commentaires pédagogiques

Dans cette partie consacrée à l'énergie, les précédents chapitres ont retracé l'origine de l'énergie solaire, ses conséquences à la surface de la planète Terre et sa conversion sous forme d'énergie chimique, par la photosynthèse. Cette énergie (matière organique) se transmet par la nutrition à d'autres êtres vivants grâce au métabolisme. Mais le corps humain n'est pas isolé de l'extérieur et perd de l'énergie lors de différents échanges.

L'étude de ces flux d'énergie va permettre de comprendre comment la température du corps reste stable dans des environnements ou des activités variées.

La respiration et le rôle énergétique des aliments ont été vu l'année dernière, donc les connaissances peuvent être remobilisées sans faire l'objet d'un développement important mais juste pour comprendre le processus de thermogenèse. La thermolyse, quant à elle, regroupe tous les processus de déperdition d'énergie entre l'organisme et le milieu extérieur sera plus détaillée dans ce chapitre et permettra d'aboutir à la notion d'homéostasie ou d'équilibre de la température corporelle. Nous aborderons aussi le fait que la température corporelle soit en équilibre dynamique et qu'elle dépende de plusieurs facteurs comme l'apport énergétique des aliments, l'activité physique.

Objectifs

- → **Identifier les conversions d'énergie du corps humain**
- → **Expliquer la stabilité de la température interne**
- → **Relier activités physiques et apports alimentaires**

BIBLIOGRAPHIE

Ouverture littéraire

Christian Clot se consacre à l'exploration et à la recherche scientifique depuis plus de 20 ans. Il a monté des expéditions sur tous les types de terrains terrestres et marins. Dès 2005, il a élaboré plusieurs programmes de recherche avec des universités et des laboratoires autour de la question de nos aptitudes face aux changements. Il dirige depuis 2015 le groupe international Human Adaptability, qu'il a créé pour étudier de manière innovante nos capacités d'adaptation cognitives et physiologiques en situation réelle. Il est vice-président de la Société des explorateurs français.

D'août 2016 à fin février 2017, Christian Clot a parcouru en solitaire les quatre milieux les plus extrêmes de la planète, trente jours pour chaque expédition avec quinze jours entre chacune d'elles. Du désert du Dasht-e Lut, en Iran, aux monts de Verkhoïansk, en Iakoutie, des canaux marins de la Patagonie à la forêt tropicale du Brésil, il est passé de + 60 à – 60 °C et de 2 à 100 % d'humidité, dans des conditions particulièrement hostiles. Une aventure jamais réalisée auparavant pour étudier, grâce à de nombreux protocoles scientifiques, les capacités d'adaptation humaine.

Au cœur des extrêmes est un livre qui nous apprend beaucoup sur l'être humain et ses réactions, sur le cerveau et ses répercussions sur nos actions.

- CLOT (Christian), *Au cœur des extrêmes : braver les quatre milieux les plus hostiles de la planète pour éprouver les capacités humaines d'adaptation*, Robert Laffont, Paris, 2018.

Ouvrages de référence

- CAMPBELL (Neil), REECE (Jane), *Biologie*, Pearson, Montreuil, 2009.
- RIEUTORT (Michel), *Physiologie animale*, Elsevier Masson, Issy-les-Moulineaux, 1998.
- BARRÉ (Hervé), *Physiologie énergétique*, Belin, Paris, 2001.

Sites internet

- La thermoregulation : https://biologiedelapeau.fr/spip.php?article75
- Article d'Universalis sur la thermorégulation : https://www.universalis.fr/encyclopedie/thermoregulation-biologie/3-la-temperature-corporelle-des-homeothermes-et-sa-regulation/
- Podcast sur la thermorégulation par France Culture : https://www.franceculture.fr/emissions/les-cours-du-college-de-france/les-cours-du-college-de-france-mardi-19-decembre-2017

II. Corrigés

Ouverture p. 118-119

1. La caméra thermique est utilisée dans le milieu du sport, médical mais aussi de l'armée.

La dissipation d'énergie ne se fait pas de façon uniforme dans le corps. Certaines zones qui apparaissent en rouge émettent plus d'infrarouges et sont donc plus chaudes tandis que les extrémités sont plus froides.

2. En fonction des pays, les habitudes alimentaires varient et notamment la composition de la table pour le petit déjeuner plutôt « salé » pour les pays nordiques et « sucré » pour les pays méditerranéens. Dans tous les cas, il doit permettre de répondre à nos besoins.

Activités p. 120-125

Activité 1

- **Durée estimée :** 40 min
- **Objectif :** Schématiser les échanges d'énergie du corps humain.

1.

	Types d'énergie
Matière organique, ATP	Énergie chimique
Transferts thermiques	Énergie thermique
Activité cellulaires	Énergie mécanique

2. Chaque jour, une personne de 59 kg consomme l'équivalent de sa propre masse en ATP, soit 59 kg/jour donc sur une année qui contient 365 jours elle va en consommer : 59 × 365 = 21 535 kg, soit à peu près 21 tonnes.

3.

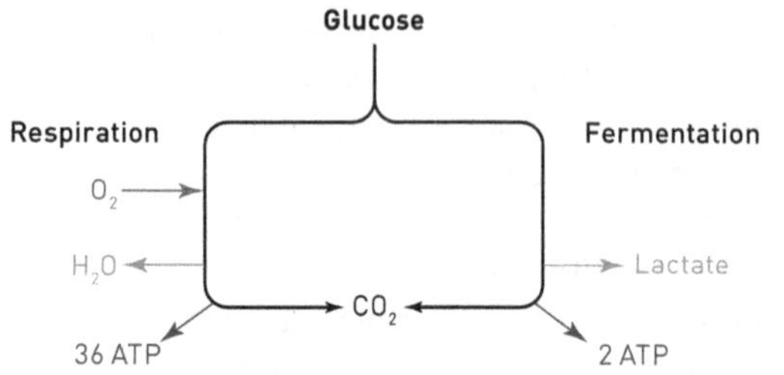

Schéma du devenir d'une molécule de glucose selon le type de métabolisme

4. Le métabolisme le plus efficace est celui qui produit le plus d'ATP, or la respiration en produit 36 contre 2 pour la fermentation et elle a le moins de pertes puisque l'énergie potentielle finale est nulle. La respiration est donc le métabolisme le plus efficace.

Sans dioxygène, en anaérobie, la respiration n'a pas lieu et le rendement énergétique de la fermentation n'est pas assez important pour assurer un fonctionnement normal de l'organisme.

Synthèse :

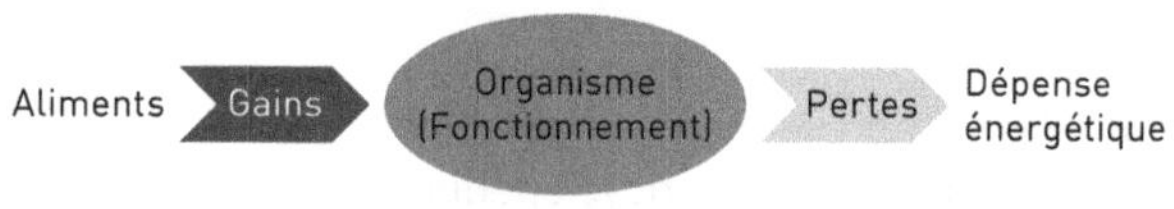

Bilan équilibré des gains et des pertes d'énergie du corps humain

Activité 2

- **Durée estimée :** 40 min
- **Consigne :** Expliquer comment la température interne du corps humain est maintenue stable.

1. Les échanges d'énergie avec l'environnement ne se font pas partout de la même façon dans le corps humain. Dans un environnement froid, les extrémités des membres se refroidissent et les zones les plus chaudes sont maintenues au niveau du tronc et de la tête, contenant respectivement les viscères et le cerveau.

Après une activité physique, les échanges d'énergie augment notamment entre les muscles et l'environnement et sont rendus visibles grâce à une caméra thermique.

2.

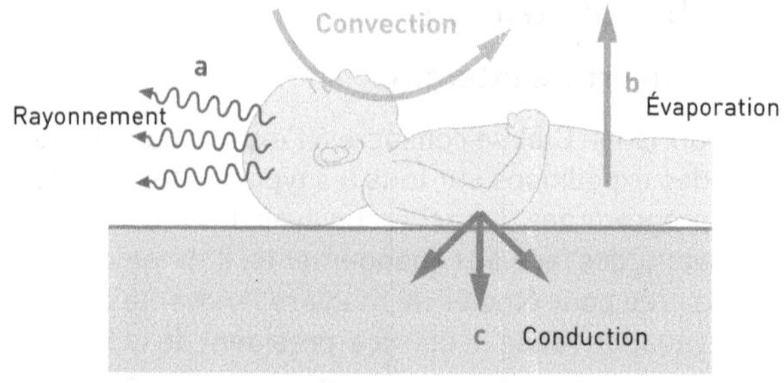

3. D'après le document 4, la thermolyse qui regroupe les mécanismes de déperdition de chaleur (conduction, convection, rayonnement et évaporation) se produit en cas d'augmentation de la température externe tandis que la thermogenèse, qui permet de gagner de l'énergie *via* le métabolisme, se fait préférentiellement lorsque la température extérieure est basse.

4. Pour maintenir une température constante, les homéothermes disposent de plusieurs processus différents qui sont choisis en fonction des conditions du milieu.

Dans un environnement froid, il faut limiter les pertes thermiques notamment par vasoconstriction et augmenter le métabolisme énergétique, c'est-à-dire la thermogenèse.

Dans un environnement chaud, c'est l'inverse, la thermolyse augmente grâce à une vasodilatation cutanée, une évaporation d'eau par sudation et une thermogenèse au plus bas (repos musculaire).

Dans la zone de confort thermique, thermogenèse et thermolyse sont en équilibre au plus bas, au niveau du métabolisme basal.

Activité 3

- **Durée estimée :** 40 min
- **Objectif :** Utiliser des données quantitatives sur l'apport énergétique d'aliments dans un bilan énergétique correspondant à des activités variées.

1. La combustion d'un gramme de lipide libère deux fois plus d'énergie que celle d'un gramme de glucide, donc en fonction de leur composition les aliments ont des contenus énergétiques très variables.

2. $MB_{homme} = 1,083 \times 70^{0,48} \times 1,8^{0,50} \times 20^{-0,13} \times 1\,000$

$= 7\,564,459$ kJ/jour

$MB_{femme} = 0,963 \times 60^{0,48} \times 1,65^{0,50} \times 20^{-0.13} \times 1\,000$

$= 5\,980,63$ kJ/jour

3. La consommation en dioxygène traduit l'intensité de la respiration au niveau cellulaire et donc le métabolisme.

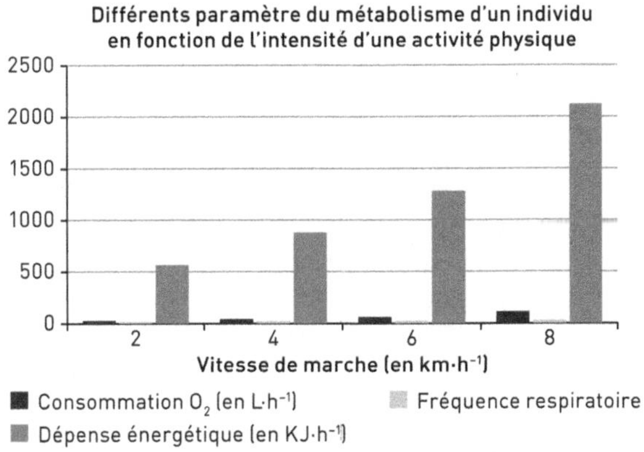

4.

Apport énergétique (aliments ingérés)	kcal	kJ
Glucides 400 g (pâtes, pain, riz, maïs, sucre, etc.)	1 600	6 688
Lipides 100 g (beurre, huile, etc.)	900	3 762
Protéines 80 g (blanc d'œuf, poulet, etc.)	320	1 338
Eau	0	0
Total	2 820	11 788

Dépense énergétique (activités)	kcal	kJ
Métabolisme de base pendant 24 h	1 600	6 688
Surplus 8 h de travail modéré	800	3 344
Surplus 2 h de marche	100	418
Surplus 2 h debout	60	251
Surplus 4 h assis	60	251
Assimilation aliments (8 % apport total)	220	919
Total	2840	11871

La puissance thermique moyenne libérée en 24 h par le corps humain est donc :

$$P = \frac{E}{T} = \frac{11871 \times 10^3}{24 \times 3\,600} = 137 \text{ W}$$

Erratum : une erreur est présente dans le tableau du manuel. Dans la ligne « Assimilation aliments », 220 kcal correspondent à 919 kJ et non pas à 251 kJ. Si cette donnée n'est pas fournie aux élèves, ils devront trouver un total de 11 203 kJ, et une puissance thermique moyenne de 130 W.

Synthèse :

L'organisme humain dépense de l'énergie, à peu près 137 W, pour assurer son fonctionnement et maintenir sa température constante. Ces dépenses d'énergie sont permises grâce aux apports d'aliments dont l'énergie peut être mesurée. Lorsque les apports et les dépenses sont équilibrés, l'organisme se développe de façon harmonieuse.

Apprendre à apprendre p. 130

1. Le métabolisme de base (ou basal) correspond à l'énergie dépensée pour assurer le fonctionnement minimal de l'organisme (circulation du sang, travail cérébral, etc.).

2. Les échanges d'énergie entre l'organisme et le milieu extérieur ont lieu selon quatre modalités :

- par évaporation, grâce à la chaleur latente de vaporisation de l'eau ;
- par rayonnement, avec l'émission d'ondes électromagnétiques ;
- par convection, en cas de courants d'air ou d'eau ;
- par conduction, c'est-à-dire transfert d'énergie de molécule à molécules selon les propriétés physiques du milieu.

3. La température du corps reste stable grâce à un équilibre entre thermogenèse (processus pour gagner de l'énergie) et thermolyse (processus de déperdition de chaleur).

4. https://dataaddict.fr/wp-content/uploads/2012/12/fitnext/index.html?fitnext

S'entraîner p. 131-132

Conversions d'énergie

13. 1. $E_{hamburger} = 495 \times 4{,}18 = 2\,069{,}1\,\text{kJ}$ ce qui est supérieur aux 1 250 kJ de l'énergie cinétique d'une Formule 1.

2. $P_{Formule1} = \dfrac{1\,250\,000}{4} = 312{,}5\,\text{kW}$

$P_{hamburger} = \dfrac{2\,069\,100}{4 \times 60 \times 60} = 143{,}69\,\text{W}$

3. L'affirmation du site internet est exacte puisque d'après les calculs la valeur énergétique du hamburger est largement supérieure à celle dégagée par une Formule 1. Mais si on rajoute la composante temps, et que l'on calcule les puissances respectives, c'est l'inverse.

14. 1. Les organes produisant le plus de chaleur au repos sont : le cœur (myocarde) 36,7 W/kg, les reins 20 W/kg et le cerveau 10,9 W/kg.

2. Le myocarde représente 0,5 % de la masse totale d'un adulte de 70 kg, soit $70 \times \dfrac{0{,}5}{100} = 0{,}35\,\text{kg}$.

La production de chaleur correspondant à cette masse est donc $P = 36{,}7 \times 0.35 = 12{,}845\,\text{W}$.

Pour les muscles, 49,2 % de la masse correspondent à $70 \times \dfrac{49{,}2}{100} = 34{,}44\,\text{kg}$, et donc à une production de chaleur $P = 34{,}44 \times 0{,}5 = 17{,}22\,\text{W}$.

Au repos, la production de chaleur par le myocarde est beaucoup plus importante que celle du muscle mais si on la rapporte à la masse des organes comme les muscles qui ont une masse plus importante, la puissance totale des muscles sera plus élevée que celle du cœur.

15. 1. Pour chaque litre de dioxygène consommé, la production d'énergie est la même, 20 kJ, pour tous les substrats.

2. Lors de la respiration il y a une oxydation des substrats organiques, ce qui constitue le métabolisme. La respiration étant l'une des principales réactions du métabolisme, la consommation du dioxygène pour l'oxydation des substrats est un bon paramètre pour estimer l'intensité du métabolisme.

Stabilité de la température interne

16. Ce nouveau bracelet permet de réguler la température corporelle par le biais d'un signal électrique envoyé au cerveau et de « leurrer » le cerveau sur la température réelle environnante.

L'avantage évident est de permettre des économies d'énergie, car si en cas de fraîcheur il donne une sensation de chaleur, il sera possible de diminuer le chauffage, de même en cas de chaleur avec la climatisation. Mais le risque associé à cette utilisation dans des conditions extrêmes est d'entraîner une hypothermie ou une hyperthermie et donc des malaises.

17. Il faut colorier les éléments suivants : capteurs, émetteurs, centre de régulation de contrôle et de communication, convertisseur d'énergie, énergie aliments, réseau de communication intérieur, peau.

Activités physiques et apports alimentaires

18. 1. Les aliments, du fait de leur composition en glucides, lipides et protéines, sont des substrats pour les réactions du métabolisme produisant de l'énergie chimique sous forme d'ATP.

L'ATP peut alors être transporté et utilisé par les muscles pour permettre une activité sportive, et tout au long de ces processus, une partie de l'énergie est dissipée sous forme d'énergie thermique ou chaleur.

2. Le graphique montre bien que la dépense énergétique dépend du niveau, du type et de la durée de l'activité sportive.

Il faudrait 1 h 47 de golf en pratique normale contre 44 min de foot pour éliminer 1 200 kJ.

19. 1. L'albédo permettant de maintenir sa température de confort à 17 °C est faible, il est de 0,2 ; ce qui correspond à celui d'un T-shirt sombre puisque celui du charbon est de 0,01.

2. S'il décide de courir, il va produire de l'énergie donc pour conserver son équilibre thermique, il doit recevoir moins d'énergie et mettre un T-shirt clair.

3. En cas d'effort plus intense, la sudation à cause de l'évaporation de la transpiration diminue la température corporelle.

4. $P = 120\ W \cdot m^{-2}$ donc la dépense énergétique libérée est $D = 120 \times (2 \times 3600 + 15 \times 60)$.

$D = 972\ kJ/m^2$

20. Plus le bilan énergétique est important, c'est-à-dire plus l'énergie apportée est grande, et plus la variation de masse corporelle, c'est-à-dire la prise de poids, est grande. En effet, si l'énergie apportée est supérieure à celle dépensée, l'organisme stocke les substrats sous forme de graisse.

Vers le BAC p. 133

21. L'essentiel de l'énergie des aliments est convertie en énergie thermique. La température du corps reste stable parce que l'énergie dégagée par la respiration cellulaire ou les fermentations est compensée par l'énergie qu'il libère.

En effet, le corps n'est pas isolé du milieu extérieur mais réalise des échanges d'énergie, par :

- conduction ;
- convection ;
- rayonnement ;
- évaporation.

Les pertes les plus importantes se font par évaporation.

22. Cet homme de 85 kg souhaite dépenser $\frac{7\,000}{20} \times 100 = 1\,400\ kJ$ en plus chaque jour en faisant du sport.

Pour la natation : il dépense 800 kcal/h soit $800 \times 4,18 = 3\,344$ kJ/h donc pour dépenser 1 400 kJ il doit nager pendant $\frac{1\,400 \times 60}{3\,344} = 25$ min.

Pour le squash : il dépense 1 084 kcal/h soit 4 531,12 kJ/h donc pour dépenser 1 400 kJ il doit jouer pendant $\frac{1\,400 \times 60}{4\,531{,}12} = 18$ min.

23. Quels sont les mécanismes mis en jeu pour réguler la température lors d'un exercice physique intense ? Lors d'un exercice physique intense, la température corporelle augmente et, pour conserver son équilibre thermique, le corps doit aussi augmenter les échanges d'énergie avec l'extérieur. Les échanges qui augmentent le plus pour dissiper la chaleur produite lors de l'activité musculaire sont ceux par évaporation ou sudation (doc. 2). On passe de 19 % au repos à 81 % lors d'un exercice intense.

La thermogenèse (processus pour gagner de l'énergie) qui était prépondérante au début de l'exercice physique diminue et c'est la thermolyse (processus d'échanges d'énergie) qui devient plus importante.

La régulation de la température corporelle est une régulation de type homéostatique qui fait intervenir des mécanismes de rétro-inhibition (doc. 1). Le centre de régulation ou « thermostat » est situé dans le cerveau et dès qu'une augmentation de température est détectée, il envoie un signal à la peau qui réagit en augmentant la sudation afin de diminuer la température corporelle par vaporisation ; et inversement.

Ainsi, la régulation de la température corporelle est de type homéostatique. Le centre de régulation situé dans l'encéphale détecte et traite les écarts de température par rapport à une valeur consigne de référence de 37 °C, par des mécanismes de rétro-inhibition. Lors d'un exercice physique intense produisant beaucoup d'énergie, la température est maintenue constante par augmentation de la thermolyse et notamment par la sudation (vaporisation de l'eau) entraînant une diminution de la température cutanée.

CHAPITRE 8 La forme de la Terre

Manuel p.136-153

I. Introduction

Commentaires pédagogiques

La Terre est au centre des enseignements de sciences, elle est la source de beaucoup de questionnements, et constitue un enjeu fondamental dans la compréhension du monde qui nous entoure.

Ce chapitre est l'occasion de comprendre la construction d'une approche scientifique liée à une controverse, la forme de la Terre > Activités 1 et 2 p. 138 à 141.

La nécessité historique de l'établissement de nouvelles unités de mesure dont le mètre > Activité 3 p. 142-143 permet à l'élève de réinvestir et revisiter des mathématiques acquises au collège, c'est un des chapitres les plus quantitatifs de ce nouveau programme.

Enfin, dans la continuité des programmes du collège et en lien avec la longitude et la latitude pour se repérer sur la sphère terrestre en mathématiques, l'élève pourra appréhender la géolocalisation à partir du GPS > Activité 4 p. 144-145.

Objectifs

- → **Argumenter la sphéricité de la Terre**
- → **Utiliser la méthode d'Ératosthène pour mesurer la planète**
- → **Calculer une longueur par triangulation**
- → **Se repérer sur Terre à partir de la longitude et de la latitude**
- → **Identifier le chemin le plus court entre deux points du globe**
- → **Calculer un arc de parallèle et un méridien**

BIBLIOGRAPHIE

Ouverture littéraire

André Brahic (1942-2016) est un astrophysicien français qui a participé au lancement de sondes d'exploration spatiale et qui a découvert les anneaux de Saturne. Auteur de vulgarisation des sciences, il aborde l'histoire de la conception des théories sur la naissance de notre système solaire dans ses ouvrages tels que *Enfants du Soleil : histoire de nos origines* ou *Planètes et satellites : cinq leçons d'astronomie*. Aussi curieux du ciel que les personnes vivant à l'Antiquité, mais disposant des instruments scientifiques d'aujourd'hui, son observation nous renvoie à des démarches et des déductions menées de tout temps par l'être humain. Ambassadeur de l'astronomie populaire, qui est pour lui « la plus ancienne et la plus moderne des sciences », très pédagogue et doté d'un solide sens de l'humour, André Brahic part des légendes pour enquêter sur les origines du monde, l'évolution de la Terre et l'apparition de la vie.

- BRAHIC (André), *Enfants du Soleil : histoire de nos origines*, Odile Jacob, Paris, 1999.

Dans son roman *Le Tour du monde en 80 jours*, Jules Verne (1828-1905) fait le récit d'une exploration géographique dans laquelle Phileas Fogg, gentleman anglais, et son domestique Passepartout font le pari de parcourir la Terre en 80 jours.

- VERNE (Jules), *Le Tour du monde en 80 jours*, Le Livre de poche, Paris, 2000.

Ouvrages de référence

- CAMPI (Xavier), *La Terre ne tourne pas rond : une histoire de formes et de mouvements*, Cassini, Paris, 2014.
- GUEDJ (Denis), *Le Mètre du monde*, Points, Paris, 2011.

Sites internet

- Animation sur l'orthodromie et la loxodromie :
http://www.sciences.univ-nantes.fr/sites/genevieve_tulloue/Meca/RefTerre/Orthodromie1.php
- Un Français sur 10 pense que la Terre est plate :
https://www.nationalgeographic.fr/sciences/un-francais-sur-10-pense-que-la-terre-est-plate
- La mesure de la circonférence de la Terre par Ératosthène :
https://sciencetonnante.wordpress.com/2011/10/03/la-mesure-de-la-circonference-de-la-terre-par-eratosthene/

II. Corrigés

Ouverture p. 136-137

1. Au VIe siècle av. J.-C., les philosophes grecs supposent la Terre plate, de la forme d'un disque, entièrement ceinturée par le fleuve Océan et recouverte d'un ciel en coupole hémisphérique. Dans le même temps, certains conçoivent une Terre au centre d'un ciel entièrement sphérique. Les astres peuvent maintenant passer sous la Terre et recommencer chaque jour leur course céleste sans jamais l'interrompre. Encore aujourd'hui, la forme de la Terre est l'objet de controverses, malgré les images de sondes telles que *Lunar Reconnaissance Orbiter* (LRO).

2. Le terme de « philosophie antique » renvoie généralement à la « philosophie hellénistique », apparue au VIIe siècle av. J.-C. C'est le début des disciplines scientifiques et philosophiques. À cette époque, les sciences et la philosophie sont intimement liées, les premiers philosophes étant nommés « physiciens ». Ératosthène est l'un d'entre eux, et il parvint à calculer la circonférence de la Terre par de simples observations et un peu de trigonométrie.

Il est souvent représenté à côté d'une Terre sphérique comme dans la peinture de Bernardo Strozzi « Ératosthène enseignant à Alexandrie », une vision du monde loin d'être évidente pour tous au IIIe siècle av. J.-C.

Activités p. 138-145

Activité 1

- **Durée estimée :** 40 min
- **Objectif :** Comprendre la nature des observations qui ont permis de conclure que la Terre est sphérique.

1. Pour les Égyptiens, la déesse Nout ingère et régénère chaque jour le Soleil au-dessus d'une Terre plate.

Pour Thalès de Milet, philosophe grec du VIe siècle avant notre ère, la Terre est un grand disque plat flottant sur l'eau.

À la même période, les pythagoriciens, disciples de Pythagore, affirment les premiers la sphéricité de la Terre.

Au IIIe siècle av. J.-C, Aristarque observe que la forme de l'ombre projetée sur la Lune est un disque, il voit la Terre sphérique.

Aujourd'hui, les « platistes » ont de nouveau l'image d'une Terre plate avec le pôle Nord au centre et l'Antarctique tout autour.

2. Si la Terre était plate, on verrait les mêmes étoiles partout sur Terre.

Lorsqu'on observe un bateau à l'horizon, on voit bien la coque disparaître en premier à cause de la rotondité de la Terre.

L'ombre de la Terre projetée sur la Lune est arrondie ce qui correspond à l'ombre d'une sphère, mais cela pourrait aussi être l'ombre d'un disque.

3.

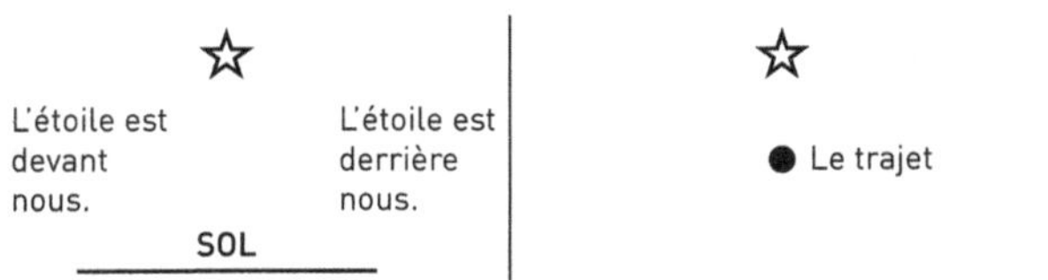

Si l'étoile est proche, sa place dans le ciel change en fonction de notre position.

Si l'étoile est infiniment loin, elle ne change pas de place car notre trajet est assimilé à un point.

Synthèse :

Raisonnement purement spéculatif	Raisonnement scientifique
Image de la Terre selon les Égyptiens avec la déesse Nout.	Observation des bateaux à l'horizon.
Image de la Terre selon Thalès : disque plat flottant sur l'eau.	Observation de l'ombre projetée de la Terre sur la Lune lors des éclipses.
Sphéricité de la Terre due à l'harmonie divine selon les Pythagoriciens.	Observation différentes des étoiles selon les latitudes.

Activité 2

- **Durée estimée :** 40 min
- **Consigne :** Comparer la longueur du méridien terrestre (circonférence) établie par l'UGGI et celle calculée à l'aide d'une des deux méthodes qui suivent.

1. et **2.** Sur le schéma a du doc. 3 (hypothèse d'Ératosthène), on voit que l'angle au sommet du gnomon est égal à l'angle au centre de la Terre, ils sont alternes/internes.

3. L'angle au sommet du gnomon est donné par la tangente :

$$\tan(\text{angle}) = \frac{\text{ombre}}{\text{gnomon}}$$

$$\text{angle} = \tan^{-1}\left(\frac{\text{ombre}}{\text{gnomon}}\right)$$

$$\text{angle} = \tan^{-1}\left(\frac{0{,}024}{0{,}19}\right) \approx 7{,}2°$$

4. Nous pouvons en déduire la circonférence de la Terre en stade :

$$P \approx \frac{5\,000}{7{,}2} \times 360 \approx 250\,000 \text{ stades}$$

5. Enfin, nous en déduisons la circonférence de la Terre (sachant que 1 stade = 157,5 m) :

$P \approx 157{,}5 \times 250\,000 = 39\,375\,000$ m

$P \approx 39\,375$ km

L'Union Géodésique et Géophysique Internationale (UGGI) trouve 40 030 km. Ératosthène trouve une valeur très approchée, c'est un petit exploit pour l'époque.

Activité 3

- **Durée estimée :** 25 min
- **Objectif :** Expliquer de manière simplifiée les différentes étapes pour mesurer l'arc du méridien entre Dunkerque et Barcelone.

1. Ils se sont placés sur les deux premiers points choisis (A et B) et en ont visé un troisième (C) grâce au cercle répétiteur de Borda.

Connaissant la mesure des angles α et β ainsi obtenus, et de la base AB, ils ont pu déterminer les deux autres longueurs AC et BC du triangle grâce à la loi des sinus.

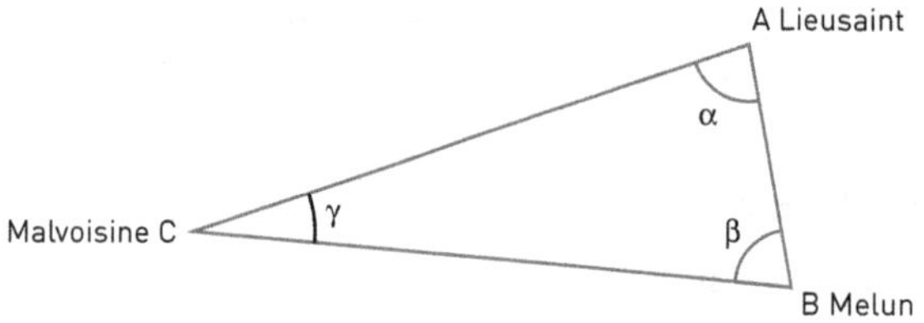

2. Les distances AC et BC constituent alors deux nouvelles bases pour viser de nouveaux points. À partir de la loi des sinus on a :

$$\frac{AB}{\sin\gamma} = \frac{AC}{\sin\beta} \Rightarrow AC = AB \times \frac{\sin\beta}{\sin\gamma}$$

$$\frac{AB}{\sin\gamma} = \frac{BC}{\sin\beta} \Rightarrow BC = AB \times \frac{\sin\beta}{\sin\gamma}$$

3. Connaissant la distance Lieusaint-Malvoisine, soit AC, on peut étudier le triangle Lieusaint-Monthlery- Malvoisine.

4. Comme pour le triangle précédent, connaissant la base AC au sol (entre Lieusaint et Malvoisine), Delambre et Méchain se sont ensuite placés sur les points choisis (A et C) et en ont visé un troisième (D situé à Monthlery) grâce au cercle répétiteur de Borda.

Connaissant la mesure des angles et de la base, ils ont pu déterminer les deux autres longueurs du triangle grâce à la loi des sinus.

5 et **6.**

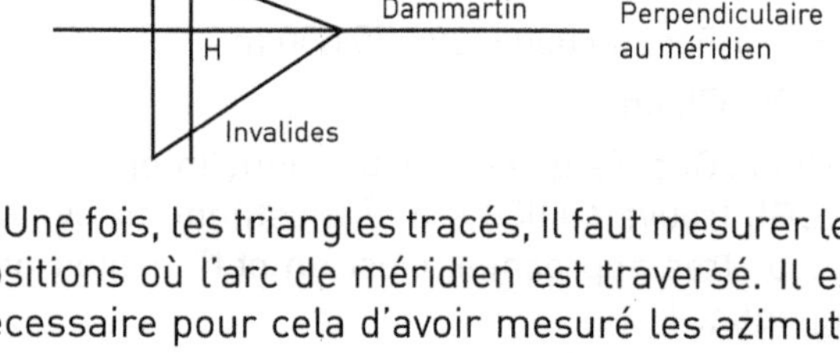

7. Une fois, les triangles tracés, il faut mesurer les positions où l'arc de méridien est traversé. Il est nécessaire pour cela d'avoir mesuré les azimuts, c'est-à-dire les angles formés entre un côté et le méridien.

On additionne alors les longueurs entre chaque position où le méridien est traversé.

En mesurant la latitude aux deux extrémités Dunkerque et Barcelone (doc. 3 dernier paragraphe), on connaît la partie du méridien mesurée et on peut en déduire la valeur de la distance entre le pôle Nord et l'équateur, mesurée en toises (unité de distance de cette période).

En divisant cette distance par 10 millions, on obtient le mètre.

Synthèse :

– Delambre et Méchain ont dans un premier temps mesuré une base au sol (entre Melun et Lieusaint pour Delambre et entre Le Vernet et Salces pour Méchain).

Ils se sont ensuite placés sur les deux premiers points choisis (A et B) et en ont visé un troisième (C) grâce au cercle répétiteur de Borda.

Connaissant la mesure des angles α et β et de la base AB, ils ont pu déterminer les deux autres longueurs du triangle grâce à la loi des sinus.

– Les distances AC et BC constituent alors deux nouvelles bases pour viser de nouveaux points et, de proche en proche, on peut donc mesurer les longueurs et les angles des différents triangles.

Une fois les triangles tracés, il faut mesurer les positions où l'arc de méridien est traversé. Il est nécessaire pour cela d'avoir mesuré les azimuts, c'est-à-dire les angles formés avec le méridien.

– On additionne alors les longueurs entre chaque position où le méridien est traversé.

– En mesurant la latitude aux deux extrémités Dunkerque et Barcelone, on connaît la partie du méridien mesurée et on peut en déduire la valeur de la distance entre le pôle Nord et l'équateur, mesurée en toises.

En divisant cette distance par 10 millions, on obtient le mètre.

Remarque :

Il faut toutefois préciser qu'ici nous n'évoquons pas par simplification :

– le fait que les triangles ne sont en général pas horizontaux, il faut donc faire des projections ;

– le fait que l'altitude des triangles varie ;

– le fait que les triangles ne sont en réalité pas sur une surface plane mais sur une surface sphérique.

Activité 4

- **Durée estimée :** 25 min
- **Objectif :** Comprendre comment le système GPS permet de se localiser avec précision à la surface de la Terre.

1. Le GPS ne peut donner une coordonnée au-delà de 90° N ou S et 180° E ou O.

La coordonnée 135° N 270° E doit s'écrire 45° N 90° O.

2. Les micro-ondes sont des ondes électromagnétiques comme la lumière, leur vitesse dans le vide vaut donc :

$c = 3{,}00 \times 10^8\ \text{m} \cdot \text{s}^{-1}$.

Comme l'erreur de l'horloge est de 10 ns, cela correspond à une distance :

$$D = \frac{10 \times 10^{-9} \times 3{,}00 \times 10^{8}}{1} = 3\ \text{m}$$

3. La durée minimale pour qu'un signal donné parvienne du satellite est :

$$t_1 = \frac{D_1}{c} = \frac{20\,100}{300\,000} = 6{,}7 \times 10^{-2}\ \text{s}$$

La durée maximale pour qu'un signal donné parvienne du satellite est :

$$t_2 = \frac{D_2}{c} = \frac{20\,200}{300\,000} = 8{,}6 \times 10^{-2}\ \text{s}$$

4. L'ensemble des positions pour une durée donnée entre l'émission et la réception formerait une sphère.

5. L'intersection entre la sphère des positions possibles données par un satellite et la surface de la Terre se réduit à un cercle de positions possibles.

L'intersection de ce cercle avec la sphère des positions possibles données par un 2e satellite réduit l'ensemble des positions possibles à deux points.

Il faut donc un 3e satellite minimum afin de savoir lequel des deux points se trouve sur la sphère des positions possibles fournies par ce 3e satellite.

Synthèse :

Les satellites du système GPS envoient vers les récepteurs des signaux codés contenant comme information l'heure de départ du signal ainsi que la position du satellite. Le retard avec lequel le signal parvient au récepteur permet de calculer la distance entre le récepteur et le satellite. Il faut au moins trois satellites pour n'avoir qu'une seule position possible pour le récepteur.

Apprendre à apprendre p. 150

1. La *vigie d'un bateau* voit la *Terre* avant les membres de l'équipage sur le ponton.

Le *coucher du Soleil* arrive plus tôt, à la même *heure*, à un *lieu* plus à l'Est que la ville de Brest qui est la ville la plus à l'Ouest en France.

2. 3 ; 4 ; 1 ;2.

3. Voici quelques propositions de coordonnées de villes pour les flashcards :

- La Nouvelle Orléans : 30° N – 90° O
- Les Galápagos : 0° N – 90° O
- Les îles Orkney du Sud : 60° S – 45° O
- Kiev : 50° N – 30° E

S'entraîner p. 151-152

Sphéricité de la Terre

11. Sur la photo 1, on devrait voir la totalité des bateaux les plus éloignés.

Sur la photo 2, l'ombre de la Terre ne devrait pas être délimitée par un arc de cercle mais un segment droit, à moins que la Terre ait la forme d'un disque et que ce disque soit disposé perpendiculairement aux faisceaux lumineux.

Longitude et latitude

12. **1.** Les points A et D ont la même longitude.

2. Les points C et B, et les points D et F ont la même latitude.

3. A (50° N – 20° E) ; B(20° N – 50° E) ;
E(10° S – 20° O) ; F(20° S – 60° E).

13. **a.** Syène(20° N – 35° E) et Alexandrie(30° N – 35° E).

b. La distance entre ces deux villes correspond à un arc de méridien puisqu'elles ont approximativement la même longitude.

Ératosthène et la circonférence de la Terre

14. 1. Il y a une relation de proportionnalité entre la distance mesurée à la surface de la Terre et l'angle correspondant.

On en déduit la valeur du méridien terrestre :

$$x = \frac{360 \times 551584}{9,4} = 21124\,493 \text{ toises}$$

2. Par définition :

$$1\,\text{m} = \frac{x}{4 \times 10\,000\,000} \approx 0,53 \text{ toise}$$

15. 1. a) La hauteur *h* représente la distance entre les pieds et les yeux de la vacancière.

1. b) La distance jusqu'à laquelle elle peut observer l'océan est *d*.

2. a) D'après le théorème de Pythagore, on peut écrire :

$$(R + h)^2 = d^2 + R^2$$

2. b) L'égalité précédente donne :

$R^2 + 2hR + h^2 = d^2 + R^2$

$d^2 = 2hR + h^2$

La hauteur *h*, de l'ordre du mètre, est infiniment plus petite que *d*, de l'ordre du km, ou *R*, de l'ordre de plusieurs milliers de km.

On peut donc négliger h^2 dans l'égalité précédente. D'où : $d^2 \approx 2hR$.

2. c) $d = 4,5$ km

2. d) La distance de visibilité augmenterait puisque le bateau a une certaine hauteur, le haut du bateau peut donc passer au-dessus de l'horizon.

Arc de parallèle et de méridien

16. 1. On commence par calculer le rayon R' à la latitude de 45°.

Soit, $\cos(45) = \frac{R'}{R}$ et $R' = R \times \cos(45) = 6\,400 \times \cos(45)$ $\approx 4\,525$ km.

Puis, le déplacement α de 1″ correspond à :

$$\alpha = 1'' = \frac{1}{3600} \times \frac{\pi}{180} = 4,848 \times 10^{-6} \text{ rad}$$

La distance parcourue vaut donc :

$D = R' \times \alpha = 4\,525 \times 4,848 \times 10^{-6} \text{ rad} \approx 0,022$ km

$D \approx 22$ m

2. Si $\alpha = 1'' = \frac{1}{3600} \times \frac{\pi}{180} = 4,848 \times 10^{-6}$ rad , la distance parcourue vaut donc :

$d = R \times \alpha = 6\,400 \times 4,848 \times 10^{-6} \approx 0,031$ km

$d \approx 31$ m

3. Si $\beta = 1' = \frac{1}{60} \times \frac{\pi}{180} = 2,9090 \times 10^{-4}$ rad, la distance parcourue vaut donc :

$d' = R \times \beta \approx 1,862$ km

$d' = 1\,862$ m

4. $v = \frac{d'}{t} = \frac{1862}{3600} \approx 0,52 \text{ m}\cdot\text{s}^{-1}$

17. 1. La différence d'angle en longitude vaut 1°10'4.13″O – 1° 9'30,37″O = 33,76″

Convertissons cet angle en radians :

$$\beta = \frac{33,76}{3600} \times \frac{\pi}{180} = 1,637 \times 10^{-4} \text{ rad}$$

La distance parcourue selon un parallèle vaut :

$L = r \times \beta = R\cos(45) \times \beta \approx 0,74$ km

2. La différence d'angle en latitude vaut : 45°25'19, 43″N – 45°15'7,26″N = 10'12.17″

Convertissons cet angle en radians :

$$\alpha = \left(\frac{10}{60} + \frac{12,17}{3\,600}\right) \times \frac{\pi}{180} = 2,968 \times 10^{-3} \text{ rad}$$

La distance parcourue selon un méridien vaut : $l = R \times \alpha \approx 18,99$ km.

3. Pour trouver la distance totale parcourue, il faut appliquer le théorème de Pythagore :

$$D^2 = \sqrt{l^2 + L^2} = \sqrt{18,99^2 + 0,74^2} \approx 19,00 \text{ km}$$

On voit que l'on aurait fait une bonne approximation en disant que le promeneur s'est déplacé suivant un méridien.

Longueur par triangulation

18. 1. a = fausse ; b = vraie ; c = vraie ; d = fausse ; e = fausse.

2. a) Les longueurs *a* et *b* augmentent quand les α et β augmentent.

2. b) Quand les angles α et β augmentent, l'angle γ diminue.

19. Il faut d'abord déterminer le troisième angle du triangle :

$\gamma = 180 - (80 + 66) = 34°$.

Appelons L le point correspondant à Lieusaint, M le point correspondant à Melun, et N le point correspondant à Malvoisine.

La loi des sinus donne :

$$\frac{NM}{\sin\alpha} = \frac{LN}{\sin\beta} = \frac{LM}{\sin\gamma}$$

La distance entre Lieusaint et Malvoisine vaut donc :

$$LN = \frac{\sin\beta \times LM}{\sin\gamma} = 9\,926 \text{ toises}$$

$$LN = 9\,926 \times 1{,}9493 \text{ m} \approx 19\,350 \text{ m} \approx 19{,}35 \text{ km}$$

$$NM = \frac{\sin\alpha \times LM}{\sin\gamma} = 10\,700 \text{ toises}$$

$$NM = 10\,700 \times 1{,}9493 \text{ m} = 20{,}86 \text{ km}$$

Chemin le plus court entre deux points du globe

20. a. Le chemin en pointillés correspond au chemin le plus court, il s'agit de l'orthodromie, c'est-à-dire l'arc de cercle qui a pour centre celui de la Terre.

b. Le record de 2014 montre que les concurrents n'empruntent pas l'orthodromie.

c. Les navigateurs doivent prendre en compte les courants marins et les vents pour rejoindre Point-à-Pitre.

Vers le BAC p. 153

21. La Terre nous apparaît plane dans la plupart des expériences quotidiennes car plus une sphère est grande, plus sa surface « s'aplatit » localement. Ainsi, un immeuble semble posé sur une surface plane mais au sommet d'un gratte-ciel nous percevons la courbure, la sphéricité de la Terre.

22. 1. La différence d'arc entre Dunkerque et Barcelone vaut :

51°02′09″ – 41°21′45″ = 9° 40′24″ = 9,673°

Il y a une relation de proportionnalité entre la distance mesurée à la surface de la Terre et l'angle correspondant.

On en déduit la valeur du quart du méridien terrestre :

$$x = \frac{90 \times 551\,584}{9{,}673} = 5\,132\,075 \text{ toises}$$

2. Par définition :

$$1 \text{ m} = \frac{x}{10\,000\,000} = 0{,}5132075 \text{ toise}$$

3. 1 toise = 1,9493 m donc .

0,5132075 toise = 0,5132075 × 1,9493 = 1,0004 m

La valeur trouvée n'est pas exactement égale à 1 m car nous avons travaillé sur l'hypothèse d'une Terre parfaitement sphérique alors qu'elle est légèrement aplatie aux pôles.

23. Grâce au document 3, on peut identifier l'étoile polaire sur les trois photos A, B et C.

Photo A

Photo B

Photo C

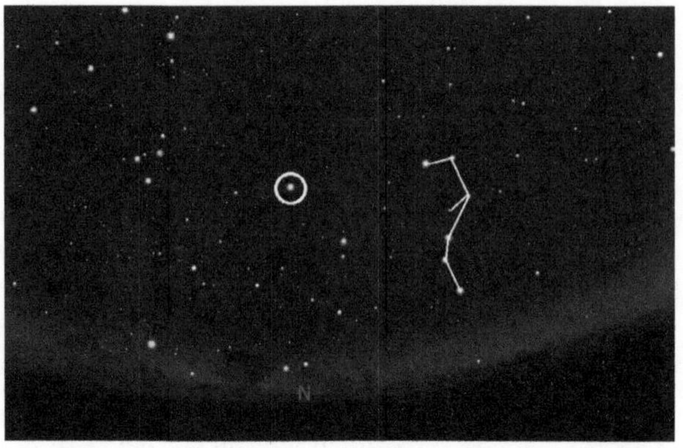

Sur les 3 photos, on voit donc que l'étoile polaire est située à différentes hauteurs dans le ciel. Le paramètre qui compte pour déterminer cette hauteur est la latitude. Plus la latitude est importante et plus l'étoile polaire sera haute dans le ciel.

Sur la base de ce raisonnement, on peut attribuer :

- la photo A à Abidjan;
- la photo B à Oslo;
- la photo C au Mondarrain.

CHAPITRE 9 Histoire de l'âge de la Terre

Manuel p. 154-169

I. Introduction

Commentaires pédagogiques

Ce chapitre, comme l'ensemble de ce thème, s'inscrit dans une volonté de mettre en évidence comment l'âge de la Terre a été un sujet de controverses et quels ont été les obstacles qui ont empêché de déterminer un âge juste (notamment l'état des avancées scientifiques et technologiques). Par ailleurs, il met en lumière le fait que la collaboration de plusieurs disciplines (mathématiques, chimie, physique, géologie, biologie, etc.) a été nécessaire pour cette datation.

L'histoire des sciences prend donc toute sa place ici, en insistant sur les rôles de Buffon, Darwin, Kelvin et Rutherford avec la diversité de leurs approches, sans oublier Patterson dont l'estimation est aujourd'hui la plus précise.

Buffon s'est à la fois fondé sur ses expériences de refroidissement de boules de fer chauffées à blanc (> Activité 1 p. 156-157) mais également sur des observations plus naturalistes (notamment sur les couches sédimentaires). Il n'a cependant pas publié l'estimation de 10 000 000 d'années, durée qui lui semblait être au minimum nécessaire pour expliquer les empilements de roches (il préférait « être plat que pendu »), entre autres par crainte des représailles de l'Église et parce qu'il considérait que ces longues durées ne pouvaient être envisagés par l'esprit humain (> Exercice 11 p. 167).

La théorie de l'évolution élaborée par Darwin oblige à concevoir des temps bien plus longs que ceux admis à son époque. Un âge de 300 millions d'années figure dans la toute première édition du livre *L'Origine des espèces* (1859) mais cette date a été supprimée des éditions suivantes, car Darwin ne dispose pas d'éléments suffisamment précis lui permettant de l'établir. Il est en outre confronté aux virulentes objections de Kelvin qui, à cette époque, s'oppose farouchement à ses idées.

En effet, Kelvin applique les équations de la chaleur de Fourier et n'accepte pas la remise en question de son raisonnement (une Terre homogène qui se refroidit progressivement par conduction depuis sa formation).

Rutherford fait partie des scientifiques qui contestent les idées de Kelvin (> Exercice 13 p. 167)mais en cherchant avant tout à remettre en cause les conditions envisagées par Kelvin, notamment le fait qu'il existe au moins une autre source de chaleur à l'intérieur de la Terre, provenant de la radioactivité, et que la chaleur peut également être dissipée par convection, expliquant ainsi pourquoi les âges établis par Kelvin étaient sous-estimés.

Objectifs

- → **Interpréter des documents historiques en lien avec l'âge de la Terre**
- → **Identifier les théories et controverses scientifiques liées à l'âge de la Terre**
- → **Connaître et appliquer différentes méthodes de datation**

BIBLIOGRAPHIE

Ouverture littéraire

Luc Perino, médecin, écrivain et essayiste, raconte dans *Darwin viendra-t-il ?* la bataille qui opposa Darwin à ses adversaires le 30 juin 1860. Quelques mois après sa sortie, l'ouvrage scientifique *L'Origine des espèces* doit être soumis à la critique de l'Église anglicane et l'Académie des sciences, hostiles à cette nouvelle théorie. Cette séance donna lieu à un combat idéologique entre adversaires et partisans de l'évolutionnisme, à une époque où la majorité des scientifiques sont également religieux. Charles Darwin ne viendra finalement pas à cette séance, mais le débat fut âpre entre Samuel Wilberforce, évêque d'Oxford et anti-évolutionniste acharné, et Thomas Huxley, surnommé le « bouledogue de Darwin » à cause de son ardente défense de la théorie de l'évolution. Bien que ce récit soit romancé, la mise en scène des événements est très documentée et cette lecture facile permet d'introduire à la fois les idées de Darwin et le contexte scientifique de cette époque.

- PERINO (Luc), *Darwin viendra-t-il ?*, Le Pommier, Paris, 2008.

Ouvrages de référence

- « Les plus grandes controverses scientifiques », *La Recherche*, HS n°24, Paris, décembre 2017 - janvier 2018.
- DANIEL (Jean-Yves), *Sciences de la Terre et de l'Univers : Licence SVT*, Vuibert, Paris 2014.
- DE WEVER (Patrick), *La Mesure du temps dans l'histoire de la Terre*, Vuibert, 2005.
- ELMI (Serge), BABIN (Claude), *Histoire de la Terre*, Dunod, Paris, 2006.

Issus d'internet

- Article, « L'Âge de la Terre avant le début du XXe siècle », IFÉ (Institut Français de l'Éducation) : http://acces.ens-lyon.fr/acces/thematiques/limites/Temps/datation-isotopique/comprendre/les-chronologies-mosaiques
- Article, « Datation isotopique », IFÉ (Institut Français de l'Éducation) : http://acces.ens-lyon.fr/acces/thematiques/limites/Temps/datation-isotopique
- Article, « Evidence from detrital zircons for the existence of continental crust and oceans on the Earth 4.4 Gyr ago », *Nature*, 2001 : http://www.geology.wisc.edu/~valley/zircons/Wilde2001Nature.pdf
- Document« Histoire de l'âge de la Terre », Hubert Krivine, CNRS : http://www.cnrs.fr/publications/imagesdelaphysique/couv-PDF/IdP2011/03_Krivine.pdf
- Vidéo « Est-on sûr de l'âge de la Terre », conférence de l'Institut de France, Académie des sciences par Hubert Krivine : https://www.youtube.com/watch?time_continue=877&v=nsajk5cyDok
- Vidéo « Quel est l'âge de la Terre », J'm'énerve pas, j'explique, janvier 2018 : https://www.youtube.com/watch?v=M_gShd4tKQU
- Ensemble documentaire « La Mesure du temps : La Datation absolue », visioconférence de Loïc Labrousse : http://planet-terre.ens-lyon.fr/article/sgf-2004-Labrousse.xml
- Ensemble documentaire « Temps de la Terre, Temps des Hommes », visioconférence de Patrick de Wever : http://planet-terre.ens-lyon.fr/article/sgf-2004-De-Wever.xml

II. Corrigés

Ouverture p. 154-155

1. Depuis l'Antiquité, l'âge de la Terre a été discuté. Aristote considère par exemple que la Terre a toujours existé (350 ans av. J.-C.). Puis l'influence des religions monothéistes introduit la notion de création du monde, conduisant par exemple l'archevêque James Ussher (1650) à calculer un âge d'environ 4 000 ans av. J.-C. Cet âge est proche de celui trouvé par Isaac Newton qui se fondait sur la précession des équinoxes.

2. Grâce à la méthode U-Pb, il a été possible de dater les zircons étudiés dans la région de Jack Hills : 4,4 milliards d'années. Par ailleurs, l'étude des rapports isotopiques de l'oxygène (contenu dans les micro-inclusions de SiO_2) a permis de montrer que ces zircons sont issus de roches magmatiques continentales ayant interagi avec l'hydrosphère. Ces minéraux mettent ainsi en évidence l'existence dès cette époque d'une croûte continentale et d'océans.

Activités p. 156-161

Activité 1

- **Durée estimée :** 55 min
- **Consigne :** Sur une frise, replacer les étapes historiques qui ont permis d'aboutir à l'âge de 4,57 milliards d'années en précisant l'apport de chaque discipline.

Pour répondre à cette consigne, se référer à la frise complète proposée dans > Essentiel p. 162.

Buffon (XVIIIe siècle) appuie son raisonnement sur les expériences de refroidissement des sphères ferreuses chauffées à blanc (expérimentation, domaine de la physique) ⇒ âge (absolu) estimé à 74 000 ans.

Kelvin (XIXe siècle) applique l'équation de la chaleur de Fourier (mathématiques/physique) ⇒ âge (absolu) estimé entre 20 et 400 millions d'années selon les époques.

Darwin (XIXe siècle) défend un âge élevé de la Terre en lien avec sa théorie de l'évolution des espèces (études des fossiles et de la stratigraphie) mais ne peut établir une estimation par manque d'éléments ⇒ âge estimé à plusieurs centaines de millions d'années au moins.

Kelvin est farouchement opposé aux idées de son contemporain Darwin.

1896 : Découverte de la radioactivité.

Rutherford (XXe siècle) applique une méthode de datation en utilisant la radioactivité (physique/chimie) ⇒ âge (absolu) 497 millions d'années.

Patterson (1953) établit un âge plus précis de la Terre grâce à la méthode Pb-Pb (physique/chimie) ⇒ âge (absolu) 4,55 Ga.

Activité 2

- **Durée estimée :** 40 min
- **Objectif :** Comprendre et utiliser des méthodes de datation relative.

1. Le peu (absence) de fossiles visibles d'âge antérieur au Cambrien est l'une des explications au fait qu'on a longtemps pensé que la vie n'était apparue qu'à cette époque.

2. Les Nautiles et les Spongiaires sont des groupes d'animaux qui ont vécu longtemps (du Cambrien à l'actuel). Leur seule présence dans une strate ne permet donc pas une indication précise de l'âge de cette roche.

3. Les trilobites sont de bons fossiles stratigraphiques pour dater l'ère primaire car ils n'ont vécu qu'à cette période.

Les ammonites sont de bons fossiles stratigraphiques pour dater l'ère secondaire pour la même raison.

4. Dans la série dauphinoise, les roches datant de −200 Ma à −65 Ma ont une épaisseur de 2 000 à 3 000 m. Sachant qu'elles ont subi une compaction de 80 % (donc, que l'épaisseur actuelle ne représente que 20 % de l'épaisseur initiale de sédiments), on en déduit que les vitesses de sédimentation ont été comprises entre :

- $3\,000 \div 0{,}2 \times (200 \times 10^6 - 65 \times 10^6)$
$= 1{,}11 \times 10^{-4}$ m·an^{-1} = 11,1 mm·siècle^{-1} ;

- $2\,000 \div 0{,}2 \times (20 \times 10^6 - 65 \times 10^6) = 7{,}41$ mm·siècle^{-1}.

Pour la série briançonnaise, ces mêmes roches n'ont une épaisseur que de 10 à 50 m. Les vitesses de sédimentation ont été comprises entre :

- $50 \div 0{,}2 \times (200 \times 10^6 - 65 \times 10^6) = 0{,}18$ mm·siècle^{-1} ;

- $10 \div 0{,}2 \times (200 \times 10^6 - 65 \times 10^6) = 0{,}037$ mm·siècle^{-1}.

5. Pour expliquer ces différences, on peut estimer qu'une partie des roches a été érodée au niveau de la série briançonnaise et que les conditions géologiques entraînant la sédimentation n'étaient pas les mêmes à ces deux endroits (forte sédimentation du côté dauphinois, faible sédimentation du côté briançonnais).

Synthèse :

Grâce à l'étude des empilements sédimentaires et des fossiles qu'ils contiennent, en appliquant différents principes (superposition, continuité paléontologique, recoupement, etc.), on peut déterminer l'âge relatif d'une roche, c'est-à-dire son âge par rapport aux autres roches. Cependant, ce type de datation ne permet pas de donner un âge absolu aux roches (donc *a fortiori* à la Terre) et les conditions mêmes de sédimentation pouvant varier d'un endroit à l'autre, l'épaisseur des couches sédimentaires ne permet pas non plus de donner un âge précis (ou même la durée d'un phénomène).

Activité 3

- **Durée estimée :** 55 min
- **Objectif :** Expliquer le principe de datation radiométrique pour déterminer l'âge de météorites, et donc de la Terre (formée par accrétion de celles-ci).

1. La radiochronologie repose sur la connaissance des lois de la radioactivité.

2. La connaissance de la demi-vie de différents couples isotopiques permet de déterminer l'âge d'un échantillon pour lequel la quantité de chaque élément est mesurée.

3. Pour déterminer l'âge de la Terre, on utilise préférentiellement les couples dont la demi-vie est très grande (l'estimation de l'âge maximum correspond à dix fois celui de la demi-vie) : K/Ar, Rb/Sr, Sm/Nd ou U/Pb.

4. Dater n'importe quel minéral ne revient pas à déterminer l'âge de la Terre car certains minéraux ont pu se former avant ou après la roche de laquelle ils ont été extraits. Certains peuvent être retrouvés ou non dans les roches étudiées. Il est souvent nécessaire d'utiliser plusieurs minéraux d'une même roche pour en déterminer l'âge, on peut ne pas être sûr de l'origine de certains minéraux, etc.

5.

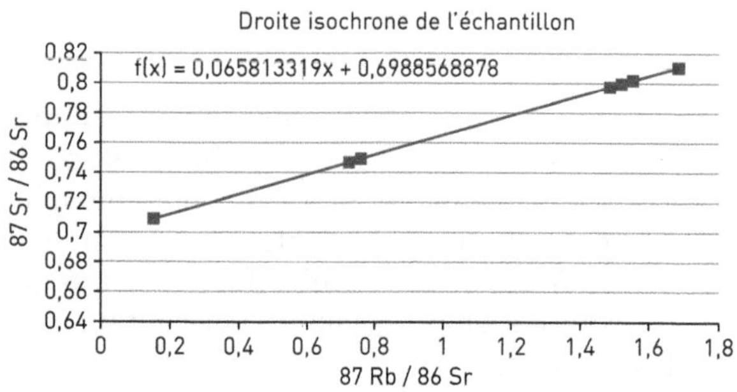

En appliquant la formule, on trouve
t = 4 488 385 455 années (l'approximation donne t = 4 634 507 042 années).

Synthèse :

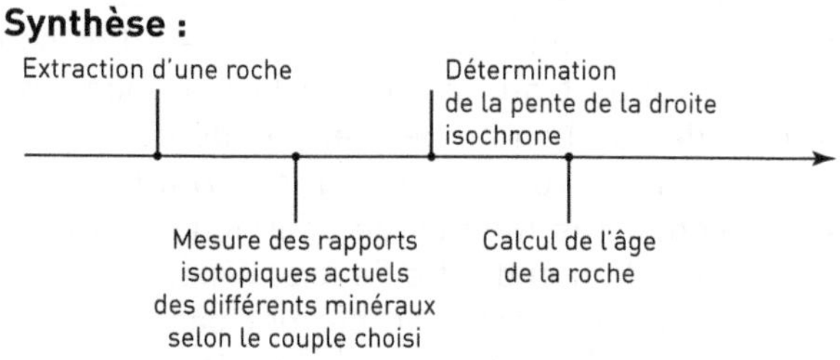

Principales modalités de datation radiochronologique

Apprendre à apprendre p. 166

1. Darwin, grâce à l'étude des empilements sédimentaires et des fossiles qu'ils contiennent, établit que la Terre doit avoir un âge élevé ce qui serait en accord avec sa théorie de l'évolution (qui nécessite de grandes échelles de temps géologiques pour que les changements observés aient eu lieu). Cependant, Kelvin, en appliquant un modèle mathématique en supposant une Terre homogène qui se refroidit, détermine un âge de « seulement » 20 à 400 Ma.

Rutherford, quant à lui, utilise la découverte de la radioactivité pour montrer que la Terre possède en réalité au moins une autre source de chaleur : la radioactivité des éléments du manteau terrestre, ce qui augmente les âges que Kelvin avait déterminés.

2. Grâce à la découverte de la radioactivité, les scientifiques ont pu établir l'existence d'une autre source de chaleur interne mais également appliquer la connaissance des temps de demi-vie pour les couples isotopiques pour déterminer l'âge d'un échantillon.

S'entraîner p. 167-168

Documents historiques et âge de la Terre

11. 1. Buffon s'appuie sur le temps qu'il a fallu pour que les animaux à coquille (fossiles) soient « produits », le transport et le dépôt de ces coquilles puis à la formation des roches. Il s'appuie donc sur le temps nécessaire à la sédimentation, ainsi que sur l'étude des fossiles.

2. Buffon pense qu'il faut bien plus que 75 000 ans pour que ces processus aient eu lieu mais l'esprit humain n'est pas prêt à concevoir de telles durées.

12. 1. La datation se fonde sur la Bible.

2. Alors que Newton prend un texte religieux en considération, Buffon et Kelvin se réfèrent au temps de refroidissement de la Terre depuis sa formation.

3. Buffon est passé par l'expérimentation (sphères chauffées à blanc puis mesure du temps qu'il a fallu pour qu'elles se refroidissent) et Kelvin a utilisé l'application de l'équation de la chaleur de Fourier.

4. Kelvin applique ses calculs en se fondant sur les hypothèses d'une Terre homogène, rigide, perdant sa chaleur par conduction seule (par transfert de chaleur sans déplacement de matière) et sans autre source de chaleur que celle accumulée lors de sa formation. John Perry suggère qu'il existe un autre phénomène de dissipation à l'intérieur de la Terre : la convection (transfert de chaleur avec déplacement de matière).

Mais ce n'est qu'un an plus tard (1896) que Becquerel découvre la radioactivité, source de transferts thermiques qui est à l'origine des mouvements de convection des roches du manteau terrestre.

Théories et contreverses

13. Kelvin applique ses calculs en prenant l'hypothèse d'une Terre homogène, rigide, perdant sa chaleur par conduction seule (par transfert de chaleur sans déplacement de matière) et sans autre source de chaleur que celle accumulée lors de sa formation.

Rutherford utilise les nouvelles données liées à la découverte de la radioactivité (celle du radium en particulier) et à la source de transferts thermiques qu'elle peut représenter à l'intérieur de la Terre.

14. 1. La caricature datant de 1871, on peut supposer que c'est Kelvin qui est représenté en train d'éclipser Darwin.

2. La théorie de l'évolution de Darwin, notamment fondée sur l'étude des fossiles et de la sédimentation, nécessite des temps beaucoup plus longs que ceux calculés par Kelvin qui, selon lui, sont irréfutables (puisque basés sur une équation mathématique).

Différentes méthodes de datation

15. 1. Un couple isotopique peut être utilisé dans la mesure d'un âge inférieur à dix fois la durée de sa demi-vie. La datation au carbone 14 permet donc de dater des éléments âgés de moins de 57 300 ans, ce qui est bien inférieur à l'âge de ces fossiles.

Par ailleurs, les éléments datés (silex) ne contiennent pas de carbone...

2. La thermoluminescence permet de dater l'échantillon qui a emmagasiné l'énergie issue de la radioactivité de son environnement en fournissant directement un âge : il s'agit donc d'une datation absolue.

3. L'apparition de l'espèce humaine a au moins 300 000 ans, ce qui est très faible par rapport à l'âge de la Terre (4,57 Ga).

16. 1. En appliquant le principe de superposition, on sait que les couches les plus anciennes sont les couches les plus profondes (sauf phénomène tectonique majeur) : elles datent donc du Crétacé inférieur.

Toujours en appliquant le principe de superposition (ainsi que le principe de continuité), on détermine que les bauxites ont un âge compris entre le Crétacé inférieur et le Crétacé supérieur (puisque ce sont les âges des roches qui les entourent).

2. Principe de superposition et principe de continuité.

3. En appliquant les principes de superposition, de recoupement et de continuité on peut dire que :

• Les roches datant du Crétacé inférieur, les bauxites, les roches du Crétacé supérieur et celles de l'Eocène se sont déposées dans cet ordre.

• Puis, un plissement s'est produit (puisque toutes ces roches en ont été affectées).

• Il a été suivi d'une phase d'érosion, puis du dépôt des roches du miocène.

• Enfin, la faille est survenue en dernier (puisqu'elle affecte l'ensemble des roches).

17. 1. En appliquant la formule, on trouve :
t = 3 379 801 056 ans (en utilisant l'approximation, on trouve : t = 3 417 431 193 ans).

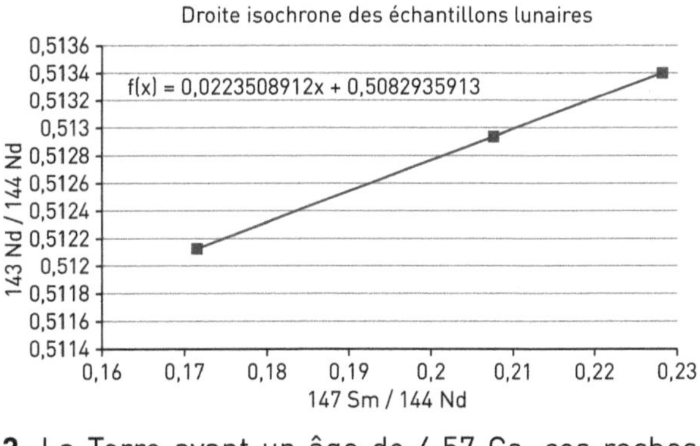

2. La Terre ayant un âge de 4,57 Ga, ces roches lunaires (3,4 Ga) sont plus récentes.

3. Ces roches ont été formées après la formation de la Lune (si l'on considère que sa naissance est contemporaine de celle de la Terre).

Vers le BAC p. 169

18. **1.** Grâce à l'étude des rapports isotopiques des atomes de rubidium et strontium, on détermine l'âge de la mise en place du granite, contemporaine de la formation du massif armoricain (au cours de l'orogénèse hercynienne).

2.

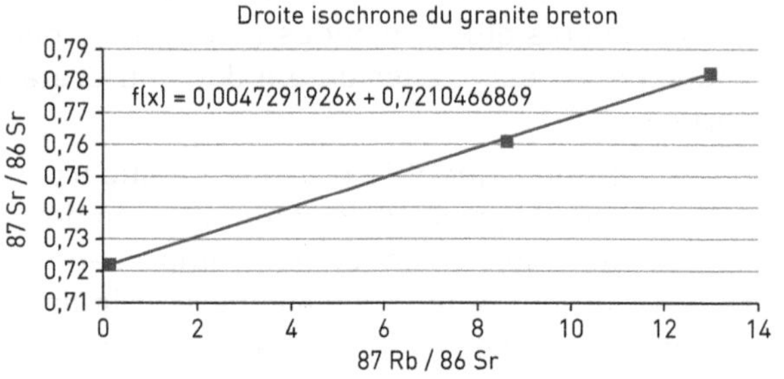

3. La courbe a une pente de 0,0047.

4. L'âge de mise en place de ce granite breton est d'environ 330 Ma, ce qui est récent par rapport à l'âge de la Terre de 4,57 Ga.

19. Grâce au principe de superposition (datation relative), on en déduit que les fragments de Lucy ont un âge compris entre celui des basaltes (plus âgés) et des cendres volcaniques (plus récentes) (doc. 1).

Afin de déterminer l'âge des basaltes et des cendres volcaniques, utilisons la méthode la plus appropriée (doc. 2) : ici, c'est la méthode K/Ar puisqu'on effectue des mesures sur des roches (la datation au carbone 14 n'est pas pertinente : sa demi-vie est trop courte par rapport à l'âge des os de Lucy).

En utilisant le doc. 3 et le graphique du doc. 2, on détermine que le basalte est âgé de $3,6 \times 10^6$ années et les cendres volcaniques de $3,1 \times 10^6$ années.

Lucy a donc un âge compris entre 3,1 et 3,6 Ma.

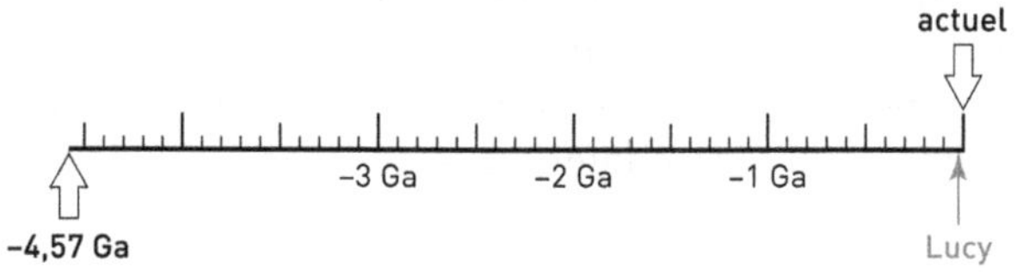

CHAPITRE 10 La Terre dans l'Univers

Manuel p. 170 - 187

I. Introduction

Commentaires pédagogiques

L'étude des mouvements, en particulier celui des planètes, est au programme du cycle 3 (classes de CM1 à sixième). Elle se formalise en classe de seconde par l'utilisation des vecteurs vitesse qu'il n'est pas nécessaire de maîtriser dans ce chapitre. En revanche, la notion de référentiel est essentielle pour décrire les mouvements de la Terre et de la Lune.

Ce chapitre comporte une forte dimension historique. Même si une majorité d'élèves sait que la Terre n'est pas fixe, le sens commun nous laisse penser le contraire. Le débat historique sur le mouvement de la Terre est passionnant, tant au niveau historique (condamnations de Giordano Bruno et Galilée par l'Inquisition) que scientifique. La plupart des observations astronomiques pouvait parfaitement être expliquée dans le système de Ptolémée (course apparente du Soleil, des étoiles, rétrogradation des planètes, saisons, etc.). Galilée montre seulement que le mouvement de la Terre est possible et, qu'en vertu du principe d'inertie, on ne le ressent pas. Le mouvement de rotation de la Terre est prouvé par l'expérience du pendule de Foucault > Activité 2 p. 174-175 et son mouvement de révolution par la mesure des parallaxes d'étoiles > Exercice 12 p. 185 ou encore par le phénomène d'aberration de la lumière des étoiles (non abordé ici).

Pour éviter toute confusion, il est important de bien distinguer « système » et « référentiel», qu'ils soient géocentriques ou héliocentriques. Un système désigne tout un ensemble permettant de décrire les mouvements des astres et qui prétend être vrai. Un référentiel n'est lié qu'à la façon dont on observe les mouvements.

Pour les élèves, l'étymologie de « référentiel géocentrique » constitue un obstacle. Certains pensent qu'il faut obligatoirement se placer au centre de la Terre pour observer un mouvement dans ce référentiel, alors qu'il suffit d'imaginer que la Terre ne tourne plus sur elle-même mais uniquement autour du Soleil.

Le mouvement de la Lune, quant à lui, compte également quelques difficultés dans son étude. Le fait qu'elle tourne sur elle-même en même temps qu'elle tourne autour de la Terre n'est pas évident. Une solution est de faire tourner un(e) élève autour d'un(e) autre de deux manières différentes : soit en montrant toujours la même face à son/sa camarade soit en montrant toujours la même face à un mur de la classe. L'explication des phases de la Lune nécessite d'alterner entre une vision extraterrestre et une vision terrestre. Il est possible de modéliser la Lune par une boule de polystyrène éclairée par un projecteur de lumière, et prendre des photos depuis un élève symbolisant la Terre et depuis l'espace > Exercice 1 p. 184.

Outils pédagogiques suggérés

- Logiciels de simulation, tels que Célestia ou Stellarium
- Maquettes
- Kinesthésie : mouvement des élèves pour mimer celui des astres

Objectifs

- → **Interpréter les arguments sur les théories géocentriques et héliocentriques**
- → **Comprendre les référentiels terrestre, géocentrique et héliocentrique**
- → **Décrire les mouvements de la Terre et la Lune**
- → **Interpréter les différents aspects de la Lune**

BIBLIOGRAPHIE

Ouverture littéraire

- BRECHT (Bertold), traduit par Eloi Recoing, *La Vie de Galilée*, L'Arche, Paris, 1997.

Ouvrages de référence

- SIMAAN (Arkam), FONTAINE (Joëlle), *L'Image du monde : des Babyloniens à Newton*, ADAPT-SNES, Paris, 1999.
- *Les Cahiers de Sciences & Vie ; Galilée Naissance de la Physique*, n°2, Montrouge, 1991.
- *Les Cahiers de Sciences & Vie* ; *Les pères fondateurs de la science : Kepler*, n°21, Montrouge, juin 1994.
- *Les Cahiers de Sciences & Vie ; Révolutions scientifiques : Nicolas Copernic*, n°39, Montrouge, juin 1997.

Issus d'internet

- Site du Comité des Liaisons Enseignants et Astronomes : http://www.ac-nice.fr/clea/
- Vidéos *Tous sur Orbite*, écrites et réalisées par Nicolas Gessner : https://www.youtube.com/watch?v=wbLlr4aGZXg&list=PLNIlGbOAhzyWkuOQ6_BSVOwT9yWrlhzic

II. Corrigés

Ouverture p. 170-171

1. La gravure est extraite de l'*Atlas colestis seu harmonia macrocosmia*. Elle représente principalement une vision simplifiée du système géocentrique de Ptolémée. La Terre est placée au centre et les orbites des sept planètes sont représentées (la Lune et le Soleil étaient alors considérés comme des planètes). En bas à droite, on peut deviner le Système de Tycho Brahe dans lequel la Terre est toujours fixe au centre de l'Univers mais les planètes tournent autour du Soleil et l'ensemble tourne autour de la Terre. Seule la Lune tourne directement autour de la Terre.

2. Le montage photographique permet à l'observateur de prendre du recul. Même si, depuis la Terre, nous ne voyons qu'une partie de la face éclairée de la Lune, depuis l'espace, nous voyons que la Terre et la Lune sont éclairées de la même façon par le Soleil. L'aspect de la Lune observable ne dépend que des positions relatives entre la Terre, la Lune et le Soleil.

Activités p. 172-179

Activité 1

- **Durée estimée :** 40 min
- **Consigne :** Construire une argumentation pour discuter de la validité du système de Ptolémée.

Les systèmes de Copernic et de Ptolémée offrent tous deux une explication à des observations astronomiques : par exemple, la course des étoiles dans le ciel s'explique par la rotation de la sphère des étoiles fixes en 24 h dans le système de Ptolémée alors que, dans le système de Copernic, ce mouvement apparent est dû à la rotation de la Terre sur elle-même **(coup de pouce 1)**.

Cependant d'autres observations permettent d'invalider le système de Ptolémée :

- Des comètes qui circulent dans le monde supralunaire et perceraient les sphères de cristal **(coup de pouce 2)**.
- Des supernovae montrant que le monde supralunaire n'est pas immuable comme l'affirme Ptolémée **(coup de pouce 2)**.
- Depuis la Terre, Vénus ne pourrait pas être vue éclairée à plus de la moitié comme le suggère le système de Ptolémée (remarque : le schéma n'a pas pu rendre compte du fait que le centre de l'épicycle de Vénus est aligné avec la Terre et le Soleil) **(coup de pouce 3)**.

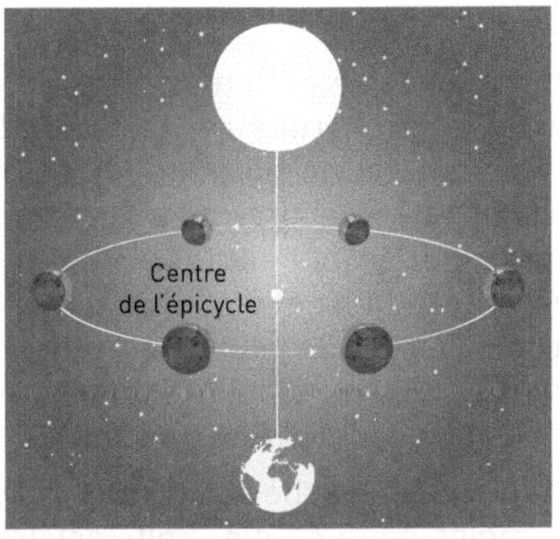

• D'autre part, Galilée découvre quatre satellites autour de Jupiter qui ne sont pas prévus dans le système de Ptolémée et qui suivent Jupiter dans sa course. De même la Lune pourrait suivre la Terre à distance même si la Terre était en mouvement **(coup de pouce 4)**.

Activité 2

• **Durée estimée :** 25 min

• **Objectif :** Justifier le mouvement de rotation de la Terre sur elle-même.

1. « L'effet filé » met en évidence un arc de cercle pour chaque étoile, ce qui montre que la position des étoiles par rapport à un observateur terrestre a varié au cours de la nuit. Il y a donc bien un mouvement relatif entre les étoiles et la Terre.

2. Au pôle Nord, le plan d'oscillation du pendule ferait un tour complet (360°) en 24 h. En 3 h, il effectue donc une rotation 8 fois moins importante : $\vartheta = \frac{360}{8} = 45°$.

3. La valeur de la période du pendule de Foucault vaut $T = 2\pi\sqrt{\frac{l}{g}} = 2\pi\sqrt{\frac{67}{9,8}} = 16,4$ s.

Le nombre d'oscillation durant $t = 3$ h $= 10\,800$ s serait donc $\frac{t}{T} = \frac{10\,800}{16,4} = 659$.

Synthèse :

Même si on sait aujourd'hui que l'effet filé s'explique par la rotation de la Terre sur elle-même, cette observation serait exactement la même si les étoiles tournaient autour d'une Terre fixe.

En revanche, la rotation du plan d'oscillation du pendule de Foucault ne serait pas observable si la Terre était fixe. L'expérience de Foucault est donc une réelle preuve de la rotation de la Terre.

Lien vers une animation pour mieux comprendre le pendule de Foucault : https://www.youtube.com/watch?v=YhXLxc1hzxM

Activité 3

• **Durée estimée :** 25 min

• **Objectif :** Justifier le mouvement de la Terre autour du Soleil.

1. Si on part de la position la plus à gauche dans le sens de révolution de la Terre :

• position 1 : solstice d'hiver ;

• position 2 : équinoxe de printemps ;

• position 3 : solstice d'été ;

• position 4 : équinoxe d'automne.

2. Comme vu au chapitre 4, il fait plus chaud lorsque le Soleil est plus haut dans le ciel. C'est bien ce qui est constaté l'été. En revanche, l'hiver le Soleil est plus bas dans le ciel. Il y a donc bien un mouvement relatif entre la Terre et le Soleil.

3. D'après le schéma, on voit que plus l'étoile est éloignée plus l'angle $\hat{P}$ est petit. C'est parce que les étoiles sont très éloignées du Soleil que leur parallaxe n'a pu être mesurée qu'à partir du XIXe siècle.

Synthèse :

Les saisons sont liées à la hauteur du Soleil dans le ciel. On peut imaginer comme Ptolémée que le Soleil tourne autour de la Terre en variant de hauteur au cours de l'année. Mais on sait aujourd'hui que la variation de la hauteur est liée au fait que l'axe de rotation de la Terre est incliné de manière différente vers le Soleil tout au cours de l'année (pôle Nord vers le Soleil l'été et pôle Sud vers le Soleil l'hiver si on parle des saisons en France métropolitaine). Cette variation d'inclinaison vers le Soleil est due au fait que la Terre lui tourne autour. Le phénomène des saisons ne permet pas de trancher en faveur de l'un des deux systèmes.

En revanche, le fait que l'on observe les étoiles sous des angles différents à six mois d'intervalle ne peut s'expliquer que si la Terre tourne autour du Soleil.

De plus, la mesure de parallaxes différentes pour chaque étoile montre qu'elles se situent à des distances différentes de la Terre et non sur une voûte.

Activité 4

- **Durée estimée :** 50 min
- **Objectif :** Comprendre les phases de la Lune à partir de la position de la Lune par rapport à la Terre et au Soleil.

1. La Lune effectue un tour sur elle-même pendant la même durée qu'il lui faut pour faire un tour autour de la Terre. C'est pourquoi elle montre toujours la même face à la Terre.

2. Dans le doc. 2, la Lune est observée depuis la surface terrestre mais toujours dans la même direction par rapport aux étoiles fixes, son mouvement est donc étudié dans le référentiel géocentrique.

3. La Lune fait un tour (360°) autour de la Terre en 27,3 jours. Une nuit dure environ 12 h = 0,5 jour. L'angle que décrit le déplacement de la Lune au cours d'une nuit est relativement faible : $\frac{360 \times 0{,}5}{27{,}3} = 6{,}6\ °$.

On peut donc faire l'approximation que la Lune est quasiment immobile dans le référentiel géocentrique au cours d'une nuit, ce qui permettra de comprendre les phases.

4. Si on mesure la durée entre deux Pleines Lunes, on obtient les valeurs suivantes :

- Janvier février : 31 – 10 + 9 = 30 j ;
- Février mars : 29 – 9 + 9 = 29 j ;
- Mars avril : 31 – 9 + 8 = 30 j ;
- Avril mai : 30 – 8 + 7 = 29 j.

On peut continuer le calcul sur les mois suivants et on trouvera une valeur moyenne égale à 29,5 j.

Remarque : la lunaison est différente de la période de révolution de la Lune. En effet, quand la Lune tourne autour de la Terre, la Terre avance sur son orbite ce qui modifie les alignements Terre-Lune-Soleil > Exercice 16 p. 186.

5. Selon la position relative de la Terre, de la Lune et du Soleil, la partie éclairée de la Lune est plus ou moins visible depuis la Terre. Les différentes portions de Lune visibles depuis la Terre sont appelées les phases de la Lune.

6. La moitié gauche de la Lune éclairée correspond au Dernier Quartier (phase **g**). Pour la voir, l'observateur doit être sur la partie de la Terre située en face de la Lune en position **g** (doc. 1). Cette partie correspond au moment où l'on passe de la fin de la nuit au lever du jour.

Synthèse :

La moitié de la Terre et la moitié de la Lune sont en permanence éclairées par le Soleil. Mais depuis la Terre, nous ne pouvons observer qu'une portion de la partie éclairée de la Lune. Cette portion varie de jour en jour car les positions relatives de la Terre, de la Lune et du Soleil sont modifiées. On peut considérer que la Lune est quasiment fixe sur la durée durant laquelle elle est observable (environ 12 h, pas forcément de nuit).

Par exemple, sur le schéma du doc. 1, l'observateur voit moins de la moitié droite éclairée ce qui correspond bien au Premier Croissant.

S'il était en face de la position f de la Lune, il verrait plus de la moitié gauche éclairée ce qui correspond à la Lune Gibbeuse Décroissante (**f**).

Lien vers une animation pour mieux comprendre les phases de la Lune.

« Tous sur orbite », semaine 3 de 2'50" à 3'50" :

www.youtube.com/watch?v=alDPDmW2ltl&t=4s

Activité 5

- **Durée estimée :** 40 min
- **Consigne :** Expliquer l'aspect de la Lune lors des éclipses de Soleil et de Lune.

Lorsque la Lune est diamétralement opposée au Soleil par rapport à la Terre, il peut y avoir une éclipse de Lune et lorsque la Lune est située entre la Terre et le Soleil, il peut y avoir une éclipse de Soleil **(coup de pouce 1)**.

Ainsi, une éclipse de Soleil peut avoir lieu lorsque la Lune est en phase de Nouvelle Lune, son aspect est donc totalement sombre **(coup de pouce 5)**. Dans le doc. 3, la boule correspond à la Lune et l'écran à la Terre **(coup de pouce 2)**. La taille de la zone d'ombre est petite devant la taille de la Terre et l'éclipse solaire n'est visible que dans des zones géographiques bien précises correspondant à des bandes de largeur 268 km (doc. 1) **(coup de pouce 4)**.

Pour comprendre l'éclipse de Lune, il faut imaginer que dans le doc. 3, la boule correspond à la Terre et l'écran à la Lune. Mais la Lune est plus petite que la zone d'ombre de la Terre **(coup de pouce 3)** et l'éclipse de Lune sera visible depuis toute la partie nuit de la Terre. Normalement la Lune devrait être assombrie par la zone d'ombre de la Terre mais comme les radiations rouges peuvent être déviées vers la zone d'ombre, son aspect sera légèrement rougeâtre **(coup de pouce 5)**.

Lien vers une animation pour mieux comprendre les phases de la Lune.

« Tous sur orbite », semaine 11 jusqu'à 4'45" :

www.youtube.com/watch?v=drC5pfsqDS0&t=5s

Apprendre à apprendre p. 184

1. La personne qui tourne joue le rôle de la Lune, si la personne qui tourne montre toujours la même face à la chaise, elle fait exactement un tour sur elle-même en même temps qu'elle tourne autour de la chaise. Pour s'en convaincre, il faut faire un demi-tour et observer les murs qui font face à la personne qui tourne : en faisant un demi-tour autour de la chaise, elle verra des murs diamétralement opposés, elle aura donc également fait un demi-tour sur elle-même.

Pour tourner autour de la chaise sans tourner sur soi-même, il faut regarder toujours le même mur. La face montrée à la chaise n'est alors pas toujours la même.

2. Dans cet exercice, deux réponses sont possibles pour la durée de 27,3 jours : la période de rotation de la Lune ou la période de révolution de la Lune. On peut accepter la valeur de 29,5 jours pour les deux périodes également. L'important est d'avoir un ordre de grandeur. 24 h correspond à la période de rotation de la Terre, on peut accepter 23 h 56 min (qui correspond à la période de rotation sidérale). Un an correspond à la période de révolution de la Terre.

3.

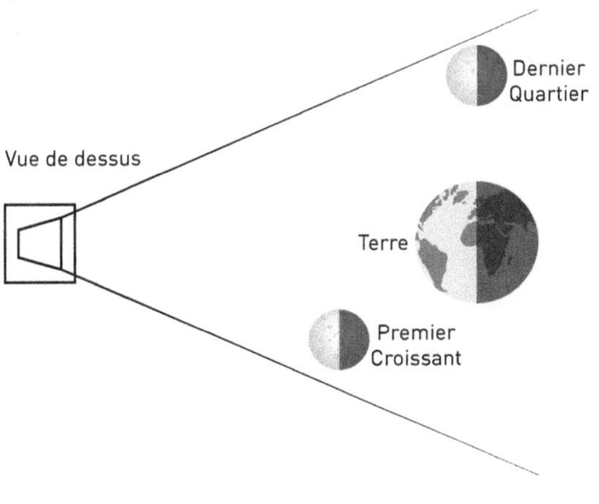

S'entraîner p. 185-186

Arguments sur les théories géocentrique et héliocentrique

11. 1. Dans le système de Ptolémée, le Soleil tourne autour de la Terre ce qui explique pourquoi on le voit se lever vers l'est, culminer au sud et se coucher vers l'ouest. Le système de Copernic explique le même phénomène en imaginant le Soleil fixe et une Terre qui tourne sur elle-même.

2. Ptolémée imagine une voûte sur laquelle sont fixées des étoiles. Cette voûte tournerait autour de la Terre en 24 h, ce qui expliquerait le mouvement apparent des étoiles au cours de la nuit. Pour Copernic, les étoiles sont fixes mais paraissent bouger dans le ciel car la Terre tourne sur elle-même.

3. Ces deux observations sont explicables dans les deux systèmes et ne permettent donc pas d'en invalider un au profit de l'autre. En revanche, on peut remarquer que dans le système de Copernic, seul le mouvement de la Terre permet d'expliquer deux phénomènes alors qu'il faut deux mouvements dans le système de Ptolémée : celui du Soleil et celui de la sphère des étoiles fixes. Le principe d'économie peut faire pencher en faveur de Copernic sans pour autant disqualifier Ptolémée.

12. 1. On peut travailler dans le triangle rectangle : Soleil, Terre, Étoile.

La trigonométrie donne $\sin(P) = \dfrac{d_{TS}}{d_{TE}}$.

Donc $d_{TE} = \dfrac{d_{TS}}{\sin(P)} = \dfrac{1}{\sin(P)}$ UA.

$P = \dfrac{0{,}31}{3\,600} = 8{,}61 \times 10^{-5}\,°$

Alors l'étoile 61 est à la distance $d = 6{,}65 \times 10^5$ UA.

- Cette valeur vaut en km $d = 6{,}65 \times 10^5 \times 150 \times 10^6 = 9{,}98 \times 10^{13}$ km.
- En années-lumière : $d = \dfrac{9{,}98 \times 10^{13}}{9{,}46 \times 10^{12}} = 10{,}6$ A.L.

Remarque : Aujourd'hui cette valeur est estimée à 11,4 A.L.

2. Plus l'étoile est éloignée, plus la valeur de parallaxe sera petite.

Référentiels terrestre, géocentrique et héliocentrique

13. 1. Le randonneur doit se situer sur un parallèle.

2. Dans le sens inverse de la rotation de la Terre.

3. La distance qu'il parcourt à cette vitesse durant 24 h vaut $d = vt = 3,6 \times 24 = 86,4$ km.

Le rayon du cercle vaut donc $r = \frac{d}{2\pi} = 13,750$ km.

• Comme $r = R\cos\lambda$, on en déduit que

$\lambda = \cos^{-1}\left(\frac{r}{R}\right) = 89,88\ ° = 89°\ 53'$.

Autrement dit, la randonnée est possible si le randonneur se trouve très proche du pôle Nord.

14. 1. Document **a** : référentiel terrestre.

Document **b** : référentiel géocentrique.

Document **c** : référentiel héliocentrique.

2. La Lune semble se déplacer en même temps que les étoiles dans le référentiel terrestre car le mouvement apparent de la Lune est dû à la rotation de la Terre sur elle-même.

3. Pour réaliser l'image du doc. 2, il faut photographier la Lune nuit après nuit à la même heure (environ) et en direction des mêmes étoiles.

Déduire les mouvements de la Terre et de la Lune (rotation, révolution)

15. 1. On voit les étoiles décrire des cercles, ce qui témoigne d'un mouvement relatif de rotation entre la Terre et les étoiles. Le problème est de savoir s'il est possible de préciser le mouvement absolu : est-ce la Terre qui tourne par rapport à l'ensemble des étoiles fixes, ou le contraire ? Impossible donc de conclure.

2. Il s'agit de l'étoile polaire, elle repère le Nord céleste.

3. On mesure l'angle entre le centre des cercles et le début et la fin de la trace d'une étoile sur la photographie : 37 °. La Terre tourne sur elle-même en 24 h.

Donc $T_{photo} = 24 \times \frac{37}{360} = 2,5$ h

16. 1. Les mouvements des astres sont observés dans le référentiel héliocentrique.

2. $T_1 = 27,3$ jours et $T_2 = 29,5$ jours

3. T_1 représente la durée pour faire un tour exact de la Lune autour de la Terre.

4. La durée entre deux Nouvelles Lunes est plus grande que la période de révolution sidérale de la Lune car la Terre a avancé sur son orbite et pour que la Lune soit de nouveau entre la Terre et le Soleil, il faut qu'elle accomplisse plus d'un tour autour de la Terre.

5. Elle est égale à la période de révolution sidérale $T_1 = 27,3$ j.

Différents aspects de la Lune

17. 1. En A, la Lune est en Premier Quartier, donc la moitié droite de la Lune est éclairée. On peut l'observer à la tombée du jour sur Terre.

2. En B, la Lune est en phase de Pleine Lune.

3. Si les trois astres sont parfaitement alignés, on peut observer une éclipse de Soleil.

4.

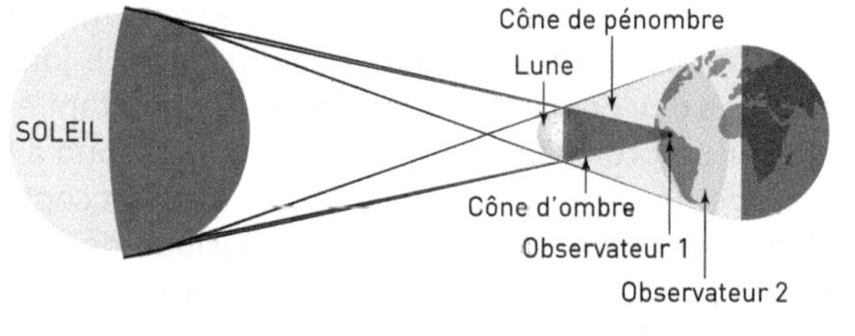

18. 1. La Lune prend autant de temps à tourner sur elle-même qu'à tourner autour de la Terre, ainsi, elle nous montre toujours la même face, et l'autre face est toujours cachée pour des observateurs terrestres.

2.

3. La date d'alunissage est bien choisie car à cette date, la face visible de la Lune est sombre mais la face cachée au contraire est éclairée, il est donc plus facile d'alunir.

19. 1. La Lune **a** est Gibbeuse Croissante et la Lune **b** est Gibbeuse Décroissante.

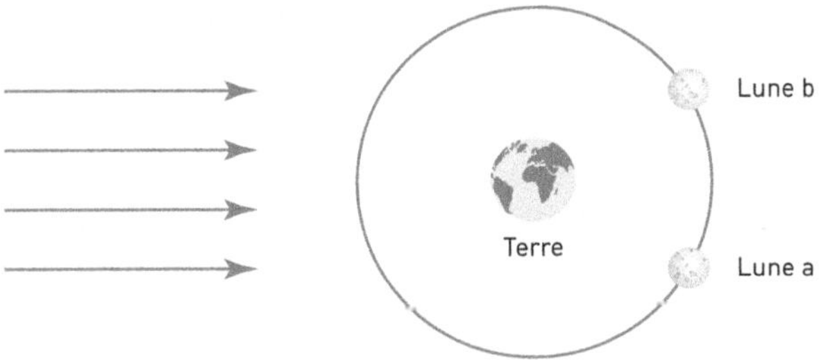

2. Une éclipse de Lune peut avoir lieu lors de la Pleine Lune

Vers le BAC p. 169

20. Afin de répondre à la question, il importe d'évoquer les points suivants :

- Étude du mouvement de la Lune dans le référentiel géocentrique ;
- Approximation d'une Lune fixe sur son orbite chaque jour ;
- Moitié de la Lune éclairée par le Soleil ;
- Depuis la Terre, seule une portion de la partie éclairée est visible ;
- Schéma et explication de deux ou trois phases ;
- Si alignement parfait entre Terre, Lune et Soleil : éclipses de Soleil ou de Lune.

21. 1. Le nombre de mois lunaire dans une année vaut :

$$N_1 = \frac{\text{nb de jours dans une année}}{\text{nb de jours dans un mois lunaire}} = \frac{365{,}242}{29{,}53}$$

$= 12{,}37$ mois lunaires.

Il y a donc plus de 12 mois lunaires dans une année.

2. a. Le nombre de jours contenus dans 19 années est égal à :

N_2 = nb d'années × nombre de jours par an

$= 19 \times 365{,}242\,2 = 6\,939{,}6$ jours

b. Le nombre de mois lunaires contenus dans le cycle de 19 ans vaut :

$$N_3 = \frac{\text{nb de jours dans 19 ans}}{\text{nb de jours dans un mois lunaire}} = \frac{6\,939{,}6}{29{,}53}$$

$= 235$ mois lunaires.

Or, 12 années à 12 mois lunaires et 7 années à 13 mois lunaires font un total de :

$12 \times 12 + 7 \times 13 = 235$ mois lunaires.

22. 1. Dans le système de Ptolémée, on ne peut jamais observer Vénus éclairée à plus de la moitié. Or, c'est ce qu'observe Galilée à la lunette, en juillet et septembre 1610 notamment.

2.

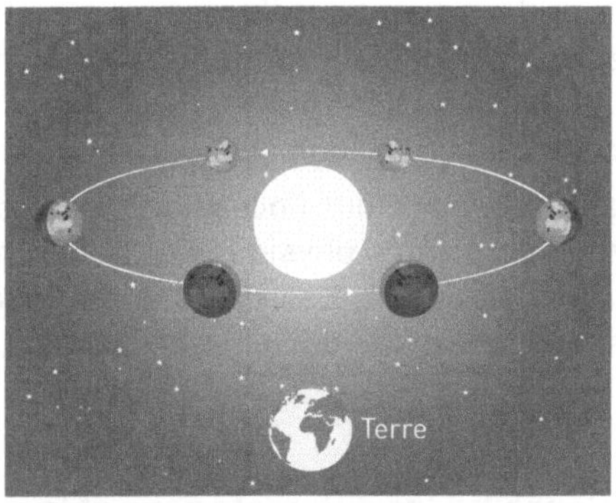

3. On voit dans le schéma ci-dessus que, si Vénus tourne autour du Soleil, on peut l'observer éclairée à plus de la moitié lorsqu'elle est en arrière par rapport au Soleil.

4. Dans le système de Tycho Brahe, Vénus tourne aussi autour du Soleil. Les mêmes phases pourraient donc être observées.

5. L'observation des phases de Vénus permet donc d'invalider le système de Ptolémée, mais il ne valide pas pour autant le système de Copernic puisque l'on observerait les mêmes phases dans le système de Tycho Brahe.

CHAPITRE 11 Le son, phénomène vibratoire

Manuel p. 190-205

I. Introduction

Commentaires pédagogiques

Le son sera appréhendé dans ce chapitre de manière objective comme un phénomène physique d'origine mécanique. La sensation que procure l'onde acoustique reçue par l'oreille, puis transmise au cerveau et déchiffrée par celui-ci, sera beaucoup plus détaillée dans les chapitres 13 et 14.

Ce chapitre vise à consolider les connaissances acquises en seconde dans la partie « Acoustique » du programme de Physique Chimie.

L'étude des signaux sonore est complétée par la description de leurs spectres en fréquences > Activité 1 p. 192-193. L'utilisation de la FFT pour l'étude des sons peut se faire de façon extrêmement simple avec de nombreux logiciels (Audacity) ou applications smartphone (Phyphox). Ces outils permettent de décrire rapidement les propriétés d'un son et illustrent le caractère opérationnel de la Physique Chimie.

L'étude de la perception d'un son permet de poursuivre l'introduction à la notion de logarithme qui permet de passer d'une multiplication d'intensité sonore à une somme de niveau sonore en dB (voir l'animation niveau sonore > Activité 3 p. 197-198). Là encore les outils d'investigation tels que capteurs, microcontrôleurs, ou logiciels d'analyse peuvent être employés très simplement.

Ce chapitre est surtout l'occasion de faire un pont entre les sciences et la musique, notamment en reliant les propriétés physiques et la géométrie des instruments de musique aux sons qu'ils émettent > Activité 2 p. 194-195. Les progrès de l'acoustique musicale facilitent la compréhension des composantes du spectre de Fourier spécifiques à chaque source sonore.

Objectifs

- → **Connaître les différents sons et leurs caractéristiques**
- → **Étudier les spectres de sons purs et composés**
- → **Relier le son émis par une corde à sa longueur**
- → **Relier puissance et intensité sonore**

BIBLIOGRAPHIE

Ouverture littéraire

Dans son essai *Musique*, Michel Serres détaille l'origine de la musique, son universalité et sa définition. Il répond à trois questions : « Comment aimer en musique? », « Peut-on penser en musique? » et « Doit-on louer en musique? » par trois récits : Bruits, Voix et Verbe. C'est en tant que philosophe que Michel Serres nous transmet son amour pour la musique. Parfois réduite par le terme de quatrième art, l'auteur démontre que la musique dépasse cette catégorie, elle est pour lui « la mère naturelle » de l'humain. Michel Serres s'évertue à clamer l'universalité de la musique par sa propension à organiser le chaos initial. La musique prend son origine dans un « bruit de fond » primaire, grondant au plus profond de la Terre. Les esprits musiciens s'évertuent à la museler, la lisser, la rythmer, la vocaliser pour finalement l'exprimer dans le langage. Cette lecture complète le chapitre et sa vision très scientifique du son.

- SERRES (Michel), *Musique*, Le Pommier, Paris, 2011.

Ouvrages de référence

- LAFRANCE (René), *Physique – Volume 3 : Ondes, optique et physique moderne*, De Boeck, Louvain-La-Neuve, 2015.
- *Bulletin de l'Union des Physiciens*, n°761, février 1994.

Sites internet

- Ressources et notice Phyphox : https://www.ac-paris.fr/portail/jcms/p2_1692332/mesurer-des-grandeurs-en-acoustique-avec-un-appareil-nomade
- Fréquences d'une corde vibrante et instruments à cordes : http://subaru.univ-lemans.fr/AccesLibre/UM/Pedago/physique/02/meca/violon.html

II. Corrigés

Ouverture p. 190-191

1. On peut montrer que la sensation auditive croît lentement avec l'intensité acoustique. L'introduction du décibel (dB), unité logarithmique, pour mesurer l'intensité d'un son revient donc à mesurer les sensations acoustiques. Les sensations physiologiques (auditives, visuelles, olfactives, gustatives, tactile) varient comme le logarithme décimal de l'excitation à partir d'un seuil physique.

2. Piotr Kowalski (1927-2004) étudie les mathématiques et l'architecture au Massachusetts Institute of Technology (M.I.T.). Au début des années 60, il se tourne vers l'art et particulièrement la sculpture. Il devient alors un artiste inventeur et son œuvre se fera toujours à la frontière de l'art et de la science.

Activités p.192-197

Activité 1

- **Durée estimée :** 40 min
- **Objectif :** Utiliser des logiciels pour visualiser le spectre d'un son et pour produire des sons purs et composés.

1. Les fréquences des harmoniques f_n sont telles que $f_n = nf_1$.

2. Le son enregistré par l'étudiant contient essentiellement une fréquence de 17 600 Hz d'amplitude relative 100 u.a. Les autres fréquences enregistrées ont une amplitude relative de 10 u.a. C'est du bruit. Le son enregistré est donc pur de fréquence 17 600 Hz.

3. Il s'agit de la fréquence du mode 1 du Mosquito MK4.

4. Le signal est un signal sinusoïdal de période $\frac{1}{17600} = 5{,}68 \times 10^{-5}$ s.

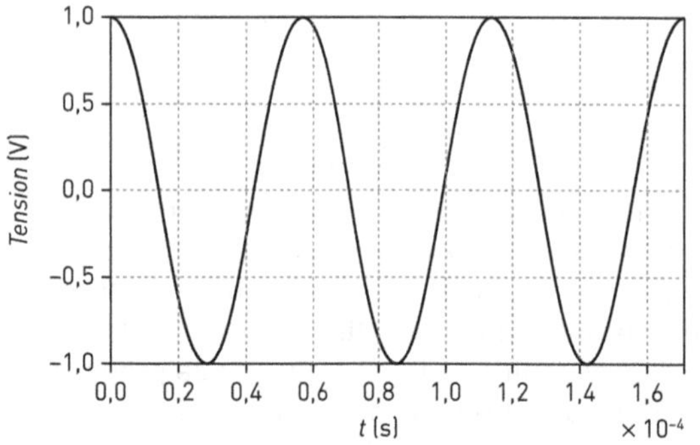

5. Les parents sont plus vieux que l'étudiant, leurs oreilles ne sont plus sensibles aux très hautes fréquences.

Synthèse :

Protocole : À l'aide du logiciel Audacity, émettre un son pur de forme « sinusoïde » de fréquence 1 000 Hz. Écouter ce signal, tout le monde entend ce son. Faire de même avec un son de forme « sinusoïde » de fréquence 17 600 Hz. Ce signal n'est entendu que par les plus jeunes.

Activité 2

- **Durée estimée :** 40 min
- **Objectif :** Étudier les paramètres qui influencent le son émis par une corde tendue.

1. On mesure les fréquences fondamentales des trois spectres :

1	203 Hz
2	126 Hz
3	361 Hz

2. Le paramètre du protocole qui permet de faire varier la masse linéique est l'épaisseur de l'élastique. Celui qui permet de faire varier la tension de l'élastique est le poids de la masse.

3. a. Le doc. 2 explique que les cordes de guitare les plus épaisses sont celles de fréquences les plus faibles. La fréquence du signal diminue lorsque la masse linéique augmente.

3. b. Le doc. 2 explique que lorsque l'on serre la clef d'accordage d'une corde de guitare, la note émise devient plus aiguë. La fréquence du signal augmente lorsque la tension augmente. Si on diminue la longueur de la corde, on obtient un son de fréquence plus élevée.

4. L'expérience 2 peut correspondre au spectre A ou C. La fréquence est inversement proportionnelle à la longueur de la corde : la fréquence d'un fil de longueur divisé par deux double. L'expérience 2 correspond donc au spectre C.

Si on augmente la tension, la fréquence augmente. L'expérience 4 peut correspondre au spectre A ou C. Il s'agit donc du spectre C, puisque nous avons vu précédemment que le spectre C correspond à l'expérience 2.

Si on augmente la masse linéique, la fréquence diminue. L'expérience 3 correspond donc au spectre B.

Synthèse :

Le son émis par un fil tendu est un son complexe dont la fréquence fondamentale augmente avec la tension du fil, diminue avec la longueur du fil et diminue avec la masse linéique du fil. On vérifie la formule :

$$f = \frac{1}{2L}\sqrt{\frac{T}{\mu}}.$$

Activité 3

- **Durée estimée :** 30 min
- **Objectif :** Relier puissance sonore par unité de surface et niveau d'intensité sonore dans le cas du bruit d'un avion.

1. Le doc. 3 indique $I = \frac{P}{S}$. Le son émis est une onde sphérique, alors P, la puissance émise, se répartit sur une sphère. La sphère entourant l'avion à une distance d a une surface égale à $S = 4\pi d^2$. Donc $I = \frac{P}{4\pi d^2}$. L'intensité décroit en $\frac{1}{d^2}$.

2.

Bruit (en dB)	Intensité sonore mesurée (en W/m²)
77	I_0
71	$\frac{I_0}{4}$
67	$\frac{I_0}{10}$

3. À l'atterrissage, l'avion n'utilise pas ses moteurs, le son émis a donc un niveau sonore beaucoup plus faible.

4. Il y a deux pistes à l'aéroport d'Orly. Les avions décollent dans le sens Orly – Villebon-sur-Yvette et dans le sens Morangis – Valenton. En effet les nuisances sonores se répartissent vers Villebon-sur-Yvette et Valenton.

Synthèse :

Si on reprend le tableau du doc. 1 et que l'on utilise la formule du doc. 3, on obtient les intensités sonores théoriques.

Altitude (en m)	Intensité sonore théorique (en W/m²)
900	I_0
1 800	$\frac{I_0}{4}$
2 700	$\frac{I_0}{9}$

Les mesures réalisées par la DGAC (question 2) correspondent aux valeurs théoriques trouvées en utilisant la formule du doc. 3.

Apprendre à apprendre p. 202

1. On remarque qu'un son grave est un son de fréquence faible. Un son aigu est un son de fréquence forte.

2. En sifflant, on émet un son proche d'un son pur. On peut faire en sorte de modifier la fréquence pour obtenir un son pur de fréquence 440 Hz.

3. La fréquence diminue (son grave) lorsque la longueur de la règle qui oscille augmente.

4. Le son émis par deux claquements de mains n'est pas perçu comme deux fois plus fort. Le niveau sonore augmente d'environ 3 dB.

S'entraîner p. 203-204

Caractéristiques de différents sons

12. Plus la corde est longue, plus la fréquence est faible. La plus longue corde est celle émettant le son le plus grave. La plus courte émet le son le plus aigu.

13. 1. Sans sourdine : 10 V

Avec sourdine : 2 V

2. On mesure pour 2 périodes un temps : 5,6 – 1,2 = 4,4 ms. On a donc une fréquence de $\frac{1}{2{,}2 \times 10^{-3}} = 454$ Hz.

3. La sourdine diminue l'amplitude sans changer l'allure du signal. Elle permet de réduire le niveau sonore sans modifier les autres caractéristiques du son, elle évite par exemple de déranger les voisins !

Spectres de sons purs et composés

14. 1. C'est un son complexe constitué d'un fondamental et d'une harmonique. La fréquence du son est de 2,3 kHz.

2. On a $f_2 = 2f_1$.

3. On change la géométrie (longueur, rayon) du cylindre ou le type de roche.

15. 1. On mesure 1 V.

2. On lit 1 290 Hz sur le spectre et on mesure $T = \frac{8}{10}$ ms donc f =1 250 Hz. On a bien une correspondance entre ces deux mesures.

3. Le son d'un sifflement se rapproche du modèle d'un son pur.

Son émis par une corde tendue

16. Avec un capodastre, on réduit la longueur des cordes de la guitare. Sachant la formule $f = \frac{c}{2L}$, il est clair que la fréquence obtenue sera plus grande. On aura donc un son plus aigu.

17. On remarque que la fréquence du son émis est inversement proportionnelle à la longueur de l'instrument. On retrouve le cas d'une guitare : le son émis par une corde est inversement proportionnel à sa longueur.

La fréquence f_1 correspond donc à la vuvuzela de grande taille, la fréquence f_2 correspond à la vuvuzela de taille moyenne, et la fréquence f_3 correspond à la vuvuzela de petite taille.

Puissance et intensité sonore

18. 1. La puissance acoustique reçue par le cornet est $P_{\text{entrée}} = I_{\text{entrée}} \times S_{\text{entrée}} = I_{\text{entrée}} \times \pi R^2_{\text{entrée}}$.

2. Cette puissance $P_{entrée}$ est transmise par le cornet, donc $P_{entrée} = P_{sortie.}$

3. On a donc $I_{sortie} = \dfrac{P_{entrée}}{S_{sortie}} = \dfrac{I_{entrée} \times \pi R_{entrée}^{2}}{\pi R_{sortie}^{2}}$

$$= I_{entrée} \times \frac{R_{entrée}^{2}}{R_{sortie}^{2}} = 64 \times I_{entrée}.$$

L'intensité acoustique a été multipliée par 64.

4. $64 = 2^6$, on a donc augmenté le niveau sonore de $6 \times 3 = 18$ dB.

19. 1. On a multiplié l'intensité sonore par environ 4.

2. Les mains agissent comme un cornet acoustique avec une surface d'entrée d'une main soit environ $S_{entrée} = \pi \times 4^2 \approx 50$ cm² et la surface de sortie celle d'une oreille soit environ $S_{sortie} = \pi \times 2^2 \approx 12{,}25$ cm².

On a bien $\dfrac{S_{entrée}}{S_{sortie}} \approx 4$.

20. 1. L'intensité décroit avec le carré de la distance. L'intensité est divisée par $11{,}3 \times 11{,}3 \approx 128 = 2^7$. Le niveau sonore est diminué de $7 \times 3 = 21$ dB.

2. Le niveau sonore est d'environ 80 – 21 = 59 dB.

3. L'intensité sonore est multipliée par 8. On a 59 + 9 = 68 dB.

4. C'est équivalent au niveau sonore d'un bureau ou d'une salle de classe.

Vers le BAC p. 205

21. Un diapason émet un signal sinusoïdal de fréquence 440 Hz. Son spectre est donc un unique pic correspondant à cette fréquence.

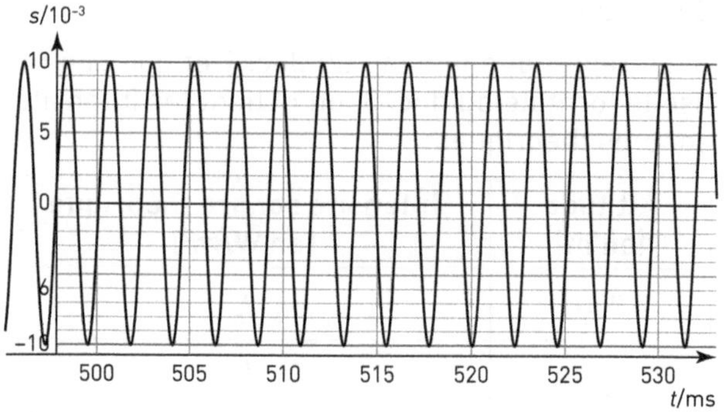

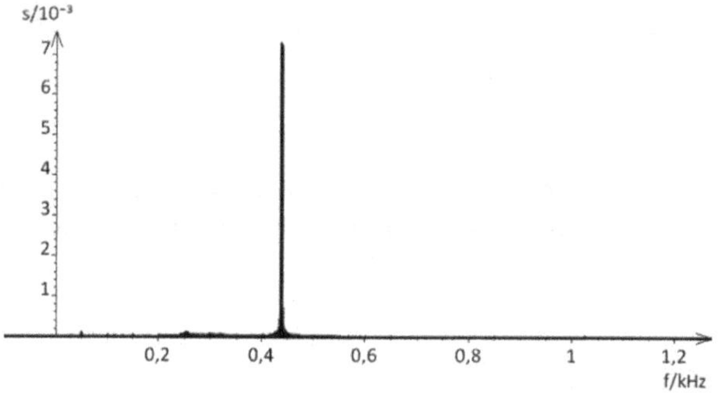

22. 1. La réaction de la salle devant la baisse de 110 à 95 dB peut s'expliquer car cela correspond à une baisse relative de 14 %.

2. En diminuant le niveau sonore de 15 dB (15 = 5 × 3) cela correspond à diviser l'intensité sonore par 32 ($32 = 2^5$) !

3. La salle aurait été mieux convaincue en parlant de l'intensité sonore et non de niveau sonore.

23. Protocole :

- repérer la note de la corde à accorder ainsi que sa fréquence f_{note} ;
- pincer sa guitare ;
- relever la fréquence $f_{jouée}$ donnée par l'application et la comparer à f_{note} ;
- ajuster la tension de la corde avec la clef, si $f_{note} < f_{jouée}$ alors il faut diminuer la tension et inversement si $f_{note} > f_{jouée}$ alors il faut augmenter la tension ;
- recommencer jusqu'à obtenir $f_{note} = f_{jouée}$;
- répéter ce protocole pour toutes les cordes de la guitare.

CHAPITRE 12 Les nombres en musique

Manuel p. 206-221

I. Introduction

Commentaires pédagogiques

Mathématiques et musique partagent une caractéristique puissante et rare : leurs langages respectifs sont universels. Il est possible de les apprécier sans traduction, quelle que soit la langue que nous parlons. Qui plus est, toutes les deux entretiennent des liens privilégiés que l'étude de ce chapitre permettra de découvrir.

Il n'est nul besoin d'être spécialiste en musicologie pour comprendre comment l'analyse mathématique des vibrations sonores éclaire la compréhension d'une production artistique. La construction des gammes de Pythagore s'appuie sur des connaissances mathématiques acquises au collège, fractions et puissances, qu'une simple corde tendue suffit à mettre en évidence.

Le formalisme mathématique explique des notions musicales très faciles à appréhender par l'écoute. Il est par exemple intuitif de percevoir les notions de consonance ou de dissonance.

La programmation d'une carte à microcontrôleur pour jouer un son, une mélodie ou pour accorder un instrument pourra s'intégrer dans un projet expérimental et numérique. Des applications smartphone comme Phyphox seront utilisées pour produire un son de fréquence souhaitée. La créativité sera encouragée, tout autant que la rigueur, pour mieux maîtriser quelques règles simples de l'harmonie.

Objectifs

- → **Définir des intervalles harmonieux entre deux sons**
- → **Construire des gammes à partir de fractions simples**
- → **Prouver que le cycle des quintes est infini**
- → **Construire des gammes à partir de nombres irrationnels**

BIBLIOGRAPHIE

Ouverture littéraire

Un soir, une jeune virtuose du clavecin offre à un cercle d'amis les Variations Goldberg, de Bach. Nancy Huston calque la structure de son récit sur l'œuvre de Bach : 30 variations, 30 chapitres, 30 invités tour à tour narrateurs. Par ce stratagème, l'auteur pénètre dans le cerveau de chacun au rythme des fameuses variations et développe autour d'une même musique trente façons d'être, trente façons d'envisager la vie. « Tous, ils écoutent à leur façon et moi aussi et toi aussi. » À travers les pensées et les émotions de chacun se construit une histoire collective formée de tranches de vies. Ce texte invite le lecteur à (re)découvrir la richesse extraordinaire de l'œuvre de Bach : ses formes, ses harmonies, ses rythmes...

- HUSTON (Nancy), *Les Variations Goldberg*, Actes Sud, Arles, 1993.

Ouvrages de référence

- *Maths & Musique : Des destinées parallèles*, hors-série Tangente, n° 11, avril 2010.
- JEDRZEJEWSKI (Franck), *Mathématiques des systèmes acoustiques : tempéraments et modèles contemporains*, L'Harmattan, Paris, 2002.
- PLATZER (Frédéric), *Abrégé de musique*, Ellipses, Paris, 2011.
- BEFFA (Karol), VILLANI (Cédric), *Les coulisses de la création, un compositeur et un mathématicien racontent*, Flammarion, Paris, 2017.

Issu d'internet

- BREHERET (Richard), IA-IPR de mathématiques, site Euler de l'académie de Versailles, *Une construction mathématique des gammes musicales.*
- COULON (Rémi), Chargé de recherche au CNRS, *La portée des mathématiques.*
- HUBAUT (Xavier), professeur à l'Université Libre de Bruxelles, *Pourquoi n'ai-je jamais rien compris au solfège ?*

Sites internet

- https://sciencetonnante.wordpress.com/2017/06/06/les-mathematiques-de-la-musique/
- http://videos.education.fr/MENESR/eduscol.education.fr/2016/Ressources2016/EPI/EPI_la_portee_des_maths.mp4
- https://www.youtube.com/watch?v=cTYvCpLRwao

II. Corrigés

Ouverture p. 206-207

1. La musique est sans doute l'art qui a le plus inspiré les peintres aussi bien figuratifs qu'abstraits. Dans la *Symphonie du chat*, Moritz von Schwind cherche à retranscrire la musicalité du félin.

Sur du papier à musique, il remplace des notes par des chats noirs courant, sautant, chassant, s'amusant.

2. Miles Davis utilise les notes « bleues », obtenues par légère inflexion (modification dans la hauteur du son) de la tierce et de la quinte, donnant cette couleur particulière associée au blues. Par la suite, au cours des années 50, les musiciens de jazz font appel aux modes (musique modale) utilisés dans la musique byzantine et la musique religieuse médiévale pour en faire un champ plus large vers la création et l'improvisation.

Activités p. 208-213

Activité 1

- **Durée estimée :** 30 min
- **Objectif :** Étudier les intervalles musicaux à l'aide d'un monocorde.

1.

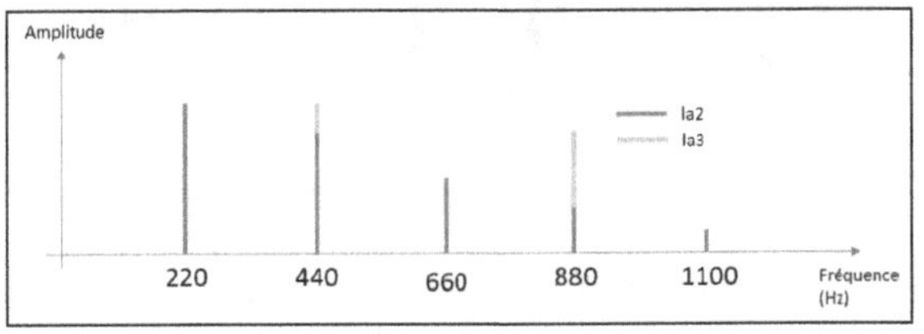

2. L'intervalle est une octave. Les fréquences dans le spectre du la_3 sont identiques à celles du la_2. C'est un intervalle consonant.

3.

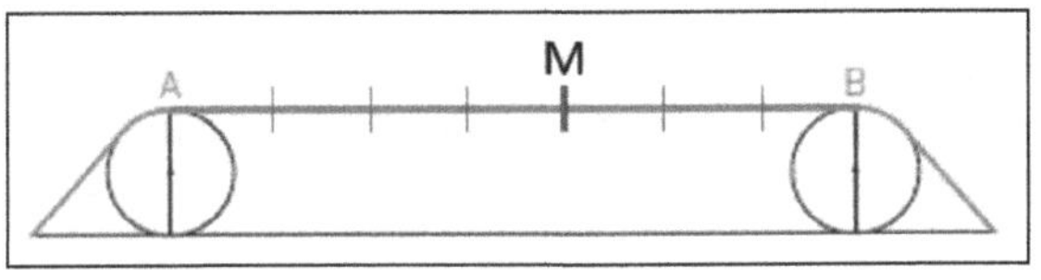

4. a. La monocorde de longueur $7 \times l$ joue un la_2 de fréquence 220 Hz.
Sachant que f est proportionnelle à l'inverse de la longueur. $f_g = 7/4 \times f(la_2) = 385$ Hz et $f_d = 7/3 \times f(la_2) = 513$ Hz.

b. $f_d/f_g = 1{,}33 = 4/3$ c'est bien une quarte.

5. Il peut jouer à l'unisson entre AB et BG et deux octaves (rapport de longueur 4/1) entre FA et AB ou BG.

Synthèse :
Le monocorde permet au professeur de demander des intervalles précis à l'élève. Ce dernier peut jouer ces intervalles et ainsi entendre les différences entre des intervalles consonants ou dissonants. L'élève expérimente par la pratique la notion d'intervalle musical que l'on peut étudier théoriquement par ailleurs.

Activité 2

• **Durée estimée :** 40 min

• **Objectif :** Utiliser l'arithmétique pour construire une gamme de notes à partir des principes des pythagoriciens.

1. Les pythagoriciens voulaient décrire le monde à partir des nombres entiers les plus simples, ils ont donc construit leur gamme avec les nombre 1, 2 et 3. Avec ces nombres, on a l'octave 2/1 et la quinte 3/2. En effet pendant l'Antiquité seules la quinte (3/2) et l'octave (2/1) sont considérées comme consonantes.

2.

n° note	1	3	5	7
Note	Do	Ré	Mi	Fa
Fréquence en Hz	65,41	73,79	82,78	87,21
Fréquence fraction de *f*	f	$9f/8$	$81f/64$	$4f/3$
F/f1	1	1,125	1,266	1,333

n° note	2	4	6	1*
Note	Sol	La	Si	Do
Fréquence en Hz	98,12	110,38	124,18	130,82
Fréquence fraction de *f*	$3f/2$	$27f/16$	$243f/128$	$2f$
F/f1	1,5	1,688	1,898	2

3. Pour construire une gamme, il faut retrouver pour la note n l'octave de la fondamentale. Avec le choix de 7 notes, sachant que $\frac{3^7}{2^{7+4}} = \frac{3^7}{2^{11}} \approx 1{,}06$ est proche de 1, on remarque que la 7e note et la première forment presque une octave.

4. a. On prend la quinte de la note 6 : $3/2 \times 124{,}18 = 186{,}27$ Hz. Si on la rapporte dans l'octave cette note a une fréquence de 93,14 Hz. Cette fréquence ne correspond pas au fa qui doit être la 7e note de la gamme.

b. La gamme construite présente donc un loup car l'intervalle entre la 6e et 7e note, si-fa (1,42), n'est pas une quinte (1,5). Il s'agit donc de la quinte du loup.

Synthèse :
Pour construire une gamme parfaite il faudrait que la $n$ième note soit l'octave de la fondamentale, autrement dit que $\frac{3^n}{2^{n+p}} = 2$. Sachant que 3^n est impair et 2^{n+p+1} est pair, il n'existe donc pas de gamme parfaite.

Activité 3

• **Durée estimée :** 30 min

• **Objectif :** Construire la gamme tempérée pour comprendre la disposition des touches du clavier d'un piano.

1. On obtient $2^{\frac{1}{12}} \approx 1{,}05946$.

2. On construit les fréquences de douze notes de l'octave 3 d'un piano tempéré en multipliant par $2^{1/12}$ à chaque nouvelle note.

f_1 **do**	f_2 **do#**	f_3 **ré**	f_4 **ré#**	f_5 **mi**	f_6 **fa**
261,626	277,183	293,665	311,128	329,628	349,229
f_7 **fa#**	f_8 **sol**	f_9 **sol#**	f_{10} **la**	f_{11} **la#**	f_{12} **si**
369,995	391,996	415,305	440	466,165	493,884

3. Si on calcule l'intervalle do-sol on trouve $\frac{391,966}{261,626} \approx 1,498 \neq 1,5 = \frac{3}{2}$ qui n'est pas tout à fait consonant.

L'intervalle do-mi est de $\frac{329,628}{261,626} \approx 1,26 \neq 1,25 = \frac{5}{4}$ qui n'est pas tout à fait consonant.

4. La touche la plus à droite est un do_7 qui est donc 4 octaves au-dessus du do_3 de fréquence 261,626 Hz donc $f(do_7) = 2 \times 2 \times 2 \times 2 \times f(do_3) =$ 4 186 Hz. La touche la plus à gauche est un la_{-2} qui est donc 4 octaves au-dessous du la_3 de fréquence 440 Hz donc $f(la_{-2}) = \frac{f(la_3)}{2 \times 2 \times 2 \times 2} = 27,5$ Hz.

Synthèse :

La gamme tempérée est une gamme très pratique car elle simplifie les transpositions. De plus les intervalles entre deux notes successives sont identiques, on n'a donc pas le problème du loup comme dans la gamme de Pythagore. Par contre la gamme tempérée ne présente aucun intervalle rigoureusement consonant hormis l'octave.

Apprendre à apprendre p. 218

1. On complète les cartes mentales par les termes : Gammes et intervalles musicaux.
En effet les notes do, ré, mi, fa, sol, la forment la gamme diatonique
Il existe des gammes : tempérée utilisant les nombres irrationnels ou de Pythagore utilisant les quintes.
Quinte, Unisson, Octave, Tierce et Quarte sont des exemples d'intervalles musicaux pour lesquels les fréquences sont en rapport d'entier simple.

2. Les touches blanches forment la gamme diatonique et les noires complètent la gamme chromatique.

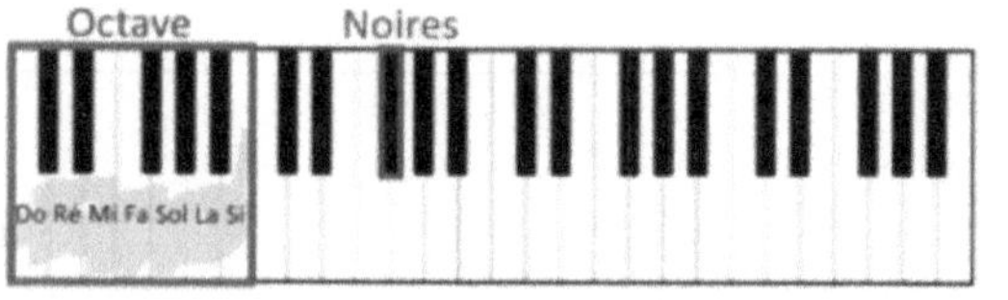

3. Le résultat semble consonant car ces deux notes forment une octave. Les fréquences du son composant la note de fréquence 440 Hz sont contenues dans le spectre de la note de 220 Hz.

Le résultat semble dissonant. En effet les deux fréquences des sons ne sont pas dans un rapport simple d'entier.
La note associée à 330 Hz (mi) représente la quinte de la note associée à 220 Hz (la), le mélange obtenu semble harmonieux.

S'entraîner p. 219-220

Intervalles consonnants et dissonnants

10. 1. Une octave correspond à deux sons dont les fréquences sont en rapport de 2/1. L'octave de 20 Hz est 40 Hz, puis 80 Hz.... Si on multiplie 20 Hz par 2, neuf fois, on trouve : $20 \times 2^9 = 10\,240$ Hz puis si on multiplie 20 Hz par 2, dix fois, on trouve : $20 \times 2^{10} = 20\,480$ Hz, on sort de l'audible. Il y a donc 9 octaves audibles.

2. On multiplie 55 Hz par 2 plusieurs fois jusqu'à tomber dans l'intervalle 10 kHz et 15 kHz. On a $55 \times 2^8 = 14\,080$ Hz, le dernier la audible est donc un la_8.

11. 1. Les fréquences des harmoniques sont des multiples de la fréquence fondamentale :

Harmonique	6	7	8	9	10	12
Fréquence (Hz)	330	385	440	495	550	660

2. La sixième harmonique a une fréquence 6 fois plus grande. C'est la quinte du la ($3/2 \times 2 \times 2 = 6$), il s'agit donc d'un mi_3. La huitième harmonique a une fréquence de 440 Hz, on reconnait le la_3. La douzième harmonique est une octave de la sixième, c'est aussi un mi.

12. On cherche les rapports des fréquences redonnant les intervalles souhaités à l'aide des données p. 214.

1. Le do_4 forme une octave avec le do_3.
Le sol_3 forme une quinte avec le do_3.
Le fa_3 forme une quarte avec le do_3.
Le mi_3 forme une tierce avec le do_3.

2. Le nom des intervalles est lié au nombre de notes de la gamme englobé. Il y a 8 notes dans une octave, 5 dans une quinte, 4 dans une quarte et 3 dans une tierce.

3. La tierce de la gamme de Pythagore entre le do_3 et le mi_3 donne un rapport de 1,265... = 81/64 au lieu de 1,25 = 5/4 car la gamme de Pythagore est construite sur le cycle des quintes. Ce rapport ne peut pas s'écrire comme un rapport de nombres entiers simples, la consonance est donc imparfaite.

Construction de gammes à partir de fractions simples

13. 1. En utilisant la méthode décrite dans l'énoncé, on a :

261,626	392,439	294,329	441,494	331,120

2.

n° de la note	1	3	5
Europe	do	ré	mi
Chine	Gong	Shang	Jiao
	261,626	294,329	331,120
	1	9/8	81/64
n° de la note	2	4	
Europe	sol	la	
Chine	Zhi	Yu	
	392,439	441,494	
	3/2	27/16	

3. On trouve f_6 = 496,681 Hz. On a f_6 / f_1 = 1,898 on ne retrouve pas l'octave. La gamme n'est donc pas parfaite !

14. 1. L'intervalle entre le do et le sol est de 9/8 × 10/9 × 11/10 × 12/11 = 12/8 = 3/2 c'est bien une quinte de la gamme de Pythagore.

2. L'intervalle entre le do et le mi est de 10/9 × 9/8 = 10/8 = 5/4 c'est bien une tierce de la gamme naturelle.

3. Les intervalles ne sont pas tous égaux : 9/8 ≈ 1,125 et 10/9 ≈ 1,111... En fait ils sont tous différents !

4. Cette gamme est construite en considérant que le rapport entre deux notes successives est de type N + 1/N.

Loup et cycle des quintes

15. Pour chacune des quintes décrites dans le cycle on calcule le rapport des fréquences s'il est de 3/2 alors on a une quinte sinon on a le loup !
Ici la loup se trouve en sol# - mi♭ car

$$\frac{3^8/2^{12}}{32/27} = 1,35 = 1,5 \ !$$

16. 1. On souhaite avoir $f_n = 2_1$, en utilisant la formule donnée : $f_n = \frac{3^n}{2^{n+p}} f_1$. On a alors $\frac{3^n}{2^{n+p}} = 2$ soit $3^n = 2^{n+p+1}$ avec $k = n$ et $l = n + p + 1$ on a bien la formule $3^k = 2^l$.

2. a. Le produit de deux nombres pairs est $p \times p' = 4\,a \times a'$.

b. $4\,a \times a'$ est un nombre pair. Donc $p \times p'$ est pair.

3. a. Le produit de deux nombres impairs est $i \times i' = 4\,a \times a' + 2(a + a') + 1$.

b. $4\,a \times a' + 2(a + a')$ est un nombre pair donc $4\,a \times a' + 2(a + a') + 1$ est impair. Donc $i \times i'$ est impair.

4. Sachant que 3^k est un produit de nombres impairs, il est impair. Sachant que 2^l est un produit de nombres pairs, il est pair. Un nombre pair ne peut être égal à un nombre impair. Il n'existe donc pas de gamme parfaite.

Construction de gammes à partir de nombres irrationnels

17. La ligne B est une gamme tempérée.

La ligne D est une gamme de Pythagore.
Avec la calculatrice, on calcule les valeurs approchées des lignes B et D et on trouve que la ligne C

n'est ni une gamme tempérée ni une gamme de Pythagore.

On effectue les calculs de la ligne D et on remarque qu'ils correspondent aux nombres de la ligne A. La ligne A est donc une gamme de Pythagore

18. 1.

	fa#	sol#	la#	do#	ré#
***f/f*$_1$**	1	$2^{2/12}$	$2^{4/14}$	$2^{7/12}$	$2^{9/12}$
Valeur approchée	1	1,122	1,259	1,498	1,682

2. On remarque que les deux gammes ont des fréquences très proches. Elles sont similaires à deux chiffres significatifs près.

3. Sachant que les gammes des touches noires et la gamme pentatonique chinoise sont similaires, il est logique qu'une musique jouée avec les touches noires du piano soit proche d'une musique de « genre chinois ».

Vers le BAC p. 221

19. La gamme pythagoricienne comporte 7 notes (car les pythagoriciens ne connaissaient que 7 astres hormis les étoiles).
La gamme est construite sur un cycle de quintes.

20. Deux notes qui se suivent ont un intervalle de $2^{1/12}$. Sachant que $f(\text{la}_2) = 220$ Hz.
Il y a 5 notes entre la_2 et ré_3 il faut donc multiplier la fréquence par $2^{5/12}$. Donc $f(\text{ré}_3) = 293{,}6$ Hz.
Il y a 5 notes entre sol_3 et ré_3 il faut donc multiplier la fréquence par $2^{5/12}$. Donc $f(\text{sol}_3) = 392{,}0$ Hz.
Il y a 4 notes entre si_3 et sol_3 il faut donc multiplier la fréquence par $2^{4/12}$. Donc $f(\text{si}_3) = 493{,}9$ Hz.
Il y a 5 notes entre mi_4 et si_3 il faut donc multiplier la fréquence par $2^{5/12}$. Donc $f(\text{mi}_4) = 659{,}3$ Hz.
Il y a 2 octaves entre le mi_4 et le mi_2, donc $f(\text{mi}_2) = f(\text{mi}_4)/4 = 164{,}8$ Hz.

21. 1. Si on assimile la cloche à un cylindre alors multiplier son diamètre et sa hauteur par k revient à multiplier son volume par k^3. En effet le volume d'un cylindre de diamètre d et de hauteur h est $h \times \frac{d^2}{4}$ devient $k \times h \times k^2 \times \frac{d^2}{4}$.

2. D'après le texte plus la masse est importante plus la fréquence est faible. La cloche la plus grave est celle de fréquence la plus petite et donc de masse la plus grande : il s'agit de Marie ! en suivant le même raisonnement, la cloche la plus aigüe est Jean Marie !

3. Deux notes forment une octave si elles ont le même nom, ici on a Gabriel/Jean Marie (la#) et Marie/Maurice (sol#).

4. Selon le document 2, changer d'une octave (ascendant) revient à multiplier la fréquence par 2 donc diviser sa masse par 2^3 soit 8.
Ici Gabriel/Jean Marie (la#) donne un rapport de $4{,}1/0{,}782 = 5{,}24$ et Marie/Maurice (sol#) donne un rapport de $6/1 = 6$! Les masses des cloches ne vérifient pas la loi du document 2.

5. Les cloches semblent être des instruments très simples, cette apparence est trompeuse. Il n'y a pas de relation évidente entre la masse et la note jouée comme le suggère l'Express en écrivant 6 tonnes pour un sol#. Il y a beaucoup de paramètre à prendre en compte (forme, matériaux, masse...) pour fabriquer une cloche produisant une note précise.

CHAPITRE 13 Le son, une information à coder

Manuel p. 222-235

I. Introduction

Commentaires pédagogiques

La numérisation a pris une importance capitale dans nos vies quotidiennes, mais aussi dans l'enseignement. Il est donc essentiel de comprendre les grands enjeux associés au développement du numérique.

Le monde qui nous entoure nous est perçu de manière analogique. Les signaux analogiques sont de type continu, les grandeurs physiques peuvent prendre n'importe quelle valeur de façon continue entre deux temps. C'est cette continuité qui pose un problème lorsque l'on souhaite transmettre, stocker ou traiter l'information contenue dans ces signaux. En effet, il faudrait transmettre, stocker ou traiter une infinité de valeurs ayant une précision infinie. C'est donc la numérisation qui a permis le développement formidable des télécommunications (télévision, internet, téléphonie...) par une représentation discrète et finie des signaux. Grâce au monde numérique, il est aujourd'hui possible d'avoir dans sa poche plusieurs milliers de livres et de leur faire faire le tour de la Terre en quelques heures !

La numérisation concerne aussi bien les textes, les images > Activité 1 p. 224, que le son et les vidéos > Activités 2 et 3 p. 225-227. Ce chapitre vise à poursuivre les connaissances acquises en seconde dans la partie « La photographie numérique » du programme des Sciences Numériques et Technologie. Il fera apparaître les similitudes conceptuelles entre les numérisations d'une image et d'un son. Des outils d'investigation comme des capteurs ou des logiciels de numérisation d'un signal sonore pourront être utilisés pour illustrer le caractère opérationnel de la Physique Chimie.

L'acoustique dépend fortement de la perception des sons : l'oreille n'est pas seule en cause. Notre cerveau, notre psychologie contribuent à l'une des spécificités humaines. L'étude des méthodes de compression destructive, notamment avec le détail des compressions au format mp3, permet de poser quelques bases de la psychoacoustique et fait le lien avec le chapitre suivant « Entendre la musique ».

Objectifs

- → **Connaître les différences entre un signal analogique et numérique**
- → **Justifier le choix des paramètres de numérisation d'un son**
- → **Estimer la taille d'un fichier audio**
- → **Calculer un taux de compression**
- → **Comparer différents fichiers audios compressés**

BIBLIOGRAPHIE

Ouverture littéraire

Dans leur essai *Culturomics : le numérique et la culture*, Jean-Paul Delahaye, professeur à l'Université de Lille, et Nicolas Gauvrit, maître de conférences à l'Université d'Artois, interrogent les conséquences qu'aura la numérisation de millions de livres par Google, qui selon eux va changer « le monde de la culture et ce qu'on peut en savoir ». Sans prendre en compte l'aspect polémique de cette numérisation vis-à-vis des droits d'auteurs et des éditeurs, les auteurs présentent quelques exemples pour montrer ce que ce corpus pourra apporter à la recherche. En effet, certains des livres numérisés datent du XVIIIe siècle, la fonction « rechercher » permet de déterminer quand un mot est entré dans le langage courant, ou alors de suivre l'évolution des mœurs d'une époque en fonction des termes utilisés, comme « pédagogie » par exemple.

- DELAHAYE (Jean-Paul), GAUVRIT (Nicolas), *Culturomics : le numérique et la culture*, Odile Jacob, Paris, 2013.

Jean-Baptiste Michel et Erez Lieberman Aiden ont également exploré les possibilités de la numérisation de 5 millions de livres dans leur *TED talk* « What we learned from 5 million books ». Ils se servent de ces données pour essayer de mieux comprendre le monde dans lequel nous vivons, de nos tendances culturelles aux effets de la censure pendant la Seconde Guerre mondiale.

La conférence dure 14 minutes et est en anglais (sous-titres français disponibles) :

https://www.ted.com/talks/what_we_learned_from_5_million_books

Ouvrages de référence

- GAUTIER (Stéphane), MARGOLLÉ (Arnaud), *Traitement du signal analogique, acoustique*, Vuibert, Paris, 2016.
- CALVET (Olivier), *Acoustique, bases et concepts des techniques du son*, Ellipses, Paris, 2019.

Issus d'internet

- LUBIN (Félix), *La compression audio-numérique* : https://www.emc.fr/upload/resource/pdf/34.pdf
- GABRIEL (Claude), *Cours de psychoacoustique* : http://www.claudegabriel.be/Acoustique.html
- IrmACTU, *Qualité sonore : enregistrement, format, compression, modes de consommation* : https://www.irma.asso.fr/IMG/pdf/69-focus_juin_2012.pdf

Sites internet

- Éduscol, Conversion Analogique-Numérique : http://cache.media.eduscol.education.fr/file/Programmer_en_physique-chimie/95/7/RA18_Lycee_PHCH_conversion-analogique-numerique_1064957.pdf
- Principe du passage de l'analogique au numérique : http://culturesciencesphysique.ens-lyon.fr/ressource/principe-numerisation.xml

Vidéos

- La physique animée : conversion analogique-numérique : http://culturesciencesphysique.ens-lyon.fr/ressource/physique-animee-Echantillonnage-temporel.xml
- Expérience de conversion analogique numérique : https://www.youtube.com/watch?v=Yv6p_HmuAHk

II. Corrigés

Ouverture p. 222-223

1. Pour de nombreux mélomanes, le vinyle serait le support offrant la meilleure qualité sonore, plus chaude et plus proche du signal sonore d'origine.

Le disque vinyle est un dispositif analogique et ne présente donc aucune limite théorique concernant la fréquence à laquelle le sillon d'un disque peut faire vibrer la pointe de lecture. Cependant, les fortes contraintes mécaniques imposées à la tête de gravure et au matériau du disque causent bruit, imprécisions et atténuations aux très hautes fréquences. Un CD enregistre le signal de façon numérique avec une fréquence d'échantillonnage de 44,1 kHz qui supprime les fréquences supérieures à 22 kHz. Mais en pratique, la gravure et la lecture optique d'un CD permet une grande fidélité au signal d'origine.

2. Au cours des années 2000, les progrès techniques et l'essor du numérique ont permis la démocratisation des Home Studios. Les puissances de calcul et de stockage des ordinateurs permettent aux logiciels informatiques de gérer de très nombreuses séquences musicales. Il est ainsi possible de séquencer des partitions complètes d'un orchestre !

Activités p. 224-227

Activité 1

- **Durée estimée :** 30 min
- **Objectif :** Faire le lien entre la numérisation d'une image et la numérisation d'un son.

1. La numérisation d'une image comme celle d'un son se base sur la prise d'échantillons qui sont discrétisés pour pouvoir être codés en une suite de bits.

2. L'échantillonnage permet de prélever des échantillons au cours du temps, la quantification permet d'associer aux échantillons une valeur quantifiée. L'information est alors discrétisée, elle ne peut prendre que certaines valeurs pour certains temps.

3. Dans le cas du doc. 2, la quantification se fait sur les valeurs 0 ou 1, la numérisation se fait sur 1 bit. Dans le cas du doc. 3, la numérisation se fait sur 4 bits, on a 16 valeurs possibles.

4.

5. Pour améliorer la qualité de la numérisation d'une image et d'un son, il faut augmenter le nombre de bits de la quantification. La contrainte essentielle (outre la possibilité technique) est celle de la taille du fichier numérisé.

Synthèse :

Contrairement aux signaux analogiques contenant des valeurs décrites avec une précision infinie, un signal numérique contient une suite finie de valeurs. Cela permet de transmettre, stocker ou traiter plus facilement l'information. La numérisation a permis le développement formidable des télécommunications (télévision, internet, téléphonie...) grâce à une représentation discrète et finie des signaux.

Activité 2

- **Durée estimée :** 30 min
- **Objectif :** Relier le choix des paramètres de numérisation à la taille et qualité d'un fichier audio.

1. On prélève 10 valeurs par seconde, on a donc une fréquence d'échantillonnage $f_e = 10$ Hz.

2. Dans le cas du codage sur 3 bits, on a 8 valeurs possibles entre 0 et 10 V. L'écart entre deux valeurs est donc $\Delta V = \frac{10}{8} = 1{,}25$ V.

Dans le cas du codage sur 4 bits on a

$\Delta V = \frac{10}{16} = 0{,}625$ V.

3. Pour obtenir une meilleure numérisation, il faut augmenter la fréquence d'échantillonnage et le nombre de bits. On a alors une représentation plus fidèle du signal analogique.

4.

	Téléphone	Radio FM	CD	DVD (audio)	DSD
$Taille_{bits}$ (en Mbits)	3,84	21,2	42,3	138	169

5. Le théorème de Shannon indique que plus la fréquence d'échantillonnage est grande, plus on pourra numériser des sons de fréquences élevées. Par exemple, le format téléphone ne permet pas de numériser des fréquences supérieures à 4 kHz, alors que le format DVD audio permet de numériser des fréquences allant jusqu'à 48 kHz.

Synthèse :

Pour améliorer la qualité d'une numérisation, il faut augmenter la fréquence d'échantillonnage et le nombre de bits. Cette augmentation est limitée par les progrès technologiques et aussi la taille du fichier numérisé. Si on souhaite réduire la taille du fichier numérisé, il faut toujours veiller à avoir une fréquence d'échantillonnage suffisamment élevée pour respecter le critère de Shannon et alors numériser fidèlement le signal sonore.

Activité 3

- **Durée estimée :** 40 min
- **Objectif :** Comprendre l'apport de la psychoacoustique dans les techniques de compression destructive de fichiers audio.

1.

	Bonne qualité	Qualité correcte	Qualité radio
Taux de compression	86 %	91 %	93 %

2. On divise par deux la taille du fichier : $\tau = 50$ %.

3. Sur le doc. 3, on observe que l'oreille perçoit de façon privilégiée des sons de fréquences comprises entre 100 Hz et 15 kHz. Il est donc pertinent que la compression mp3 supprime les sons de fréquences supérieures à 11 kHz car ils sont moins perçus par notre oreille.

Dans le doc. 4, on observe qu'un son de fréquence donnée et de niveau sonore important relève le seuil de perception de l'oreille humaine et masque alors les sons de fréquences voisines dont le niveau sonore est plus faible. Il est donc pertinent que la compression mp3 supprime les fréquences qui seront masquées.

4. Dans les deux cas de la question 3, de l'information a été perdue (on a supprimé des fréquences). La qualité d'écoute est sensiblement la même qu'avant la compression car on a supprimé des fréquences pour lesquelles l'oreille est peu sensible.

Synthèse :

En étudiant la façon dont l'oreille humaine perçoit les sons, on comprend quelles informations d'un signal peuvent être supprimées sans altérer la qualité d'écoute. On a alors la possibilité de réaliser une compression destructive, donc importante, en restant fidèle au signal d'origine.

Apprendre à apprendre p. 232

1. On enregistre un son de 7 s, le fichier a une taille de 1,21 Mo. Cette numérisation est faite avec une fréquence d'échantillonnage de 44 100 Hz et 16 bits en stéréo.

En faisant le calcul on a $\text{Taille}_{\text{bits}} = 44\,100 \times 16 \times 7 \times 2 =$ 9,88 Mbits soit environ 1,23 Mo. On retrouve la valeur enregistrée sur l'ordinateur.

2.

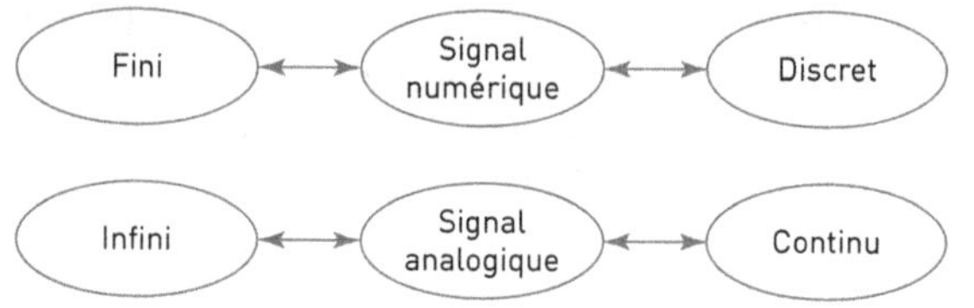

3.

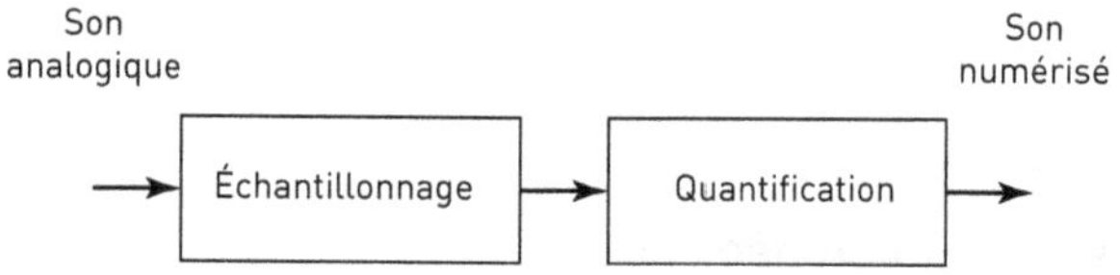

S'entraîner p. 233-234

Signaux analogique et numérique

10. À intervalles de temps réguliers, un signal numérique donne l'amplitude du signal. Ici, à intervalles de temps réguliers, la boîte à musique émet un son de fréquence donnée. C'est donc un signal analogique.

11. 1. L'oscilloscope de type 1 est un oscilloscope analogique car le spot lumineux reproduit de façon analogique la tension aux bornes de l'oscilloscope. L'oscilloscope de type 2 est numérique car la tension est stockée comme une suite de bits.

2. L'oscilloscope numérique présente de nombreux avantages. Il permet de réaliser des calculs (FFT…), d'améliorer la qualité d'affichage (haute résolution…), d'enregistrer un signal (sur clé USB…).

Paramètres de numérisation d'un son

12. 1. Il faut respecter le critère de Shannon. Donc ici il faut choisir $f_e > 880$ Hz.

2. Pour les expériences 3 et 4, le logiciel fournit la fréquence du diapason. Il s'agit ici du *La*.

3. a. et **b.**

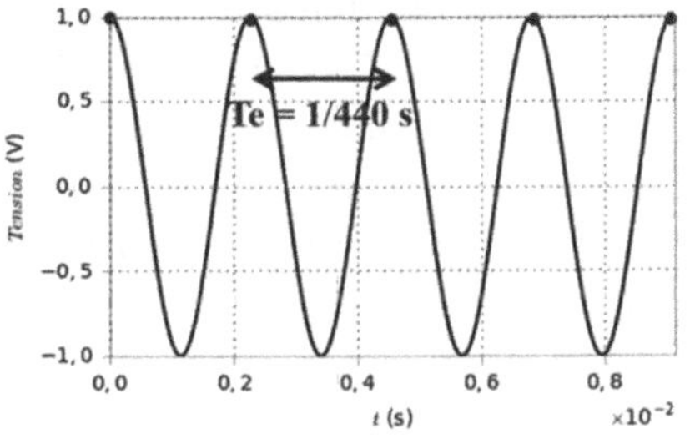

3. c. La fréquence du signal rouge est bien nulle.

4.

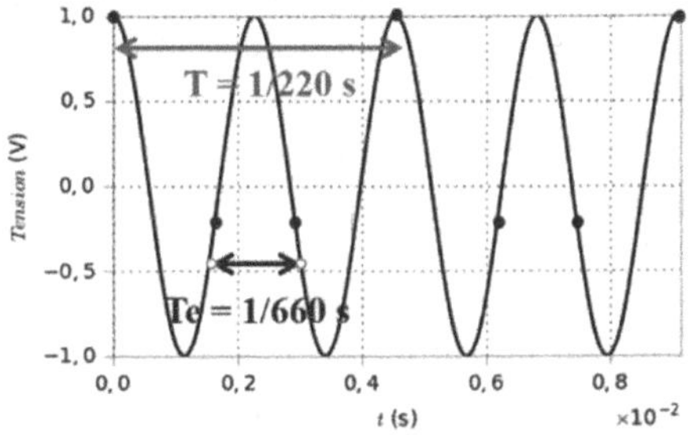

13. 1. a. La fréquence d'échantillonnage que réalise la caméra est de f_e =24 Hz = 4/3 *f*.

On a aussi T_e = 3/4 T.

On enregistre les échantillons suivants :

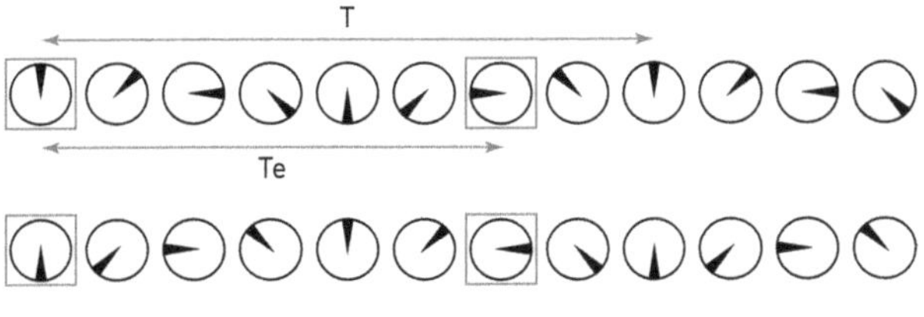

1. b. On observe donc :

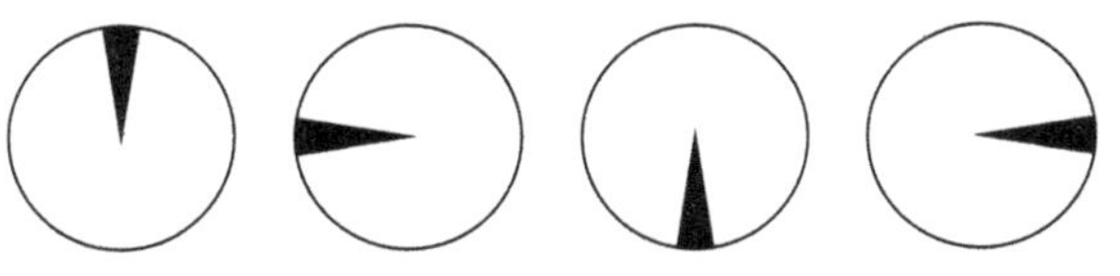

2. Il faut respecter le critère de Shannon soit $f_e > 2f_{max}$, ce qui n'est pas le cas ici.

f_e = 24 Hz et $f = f_{max}$ =18 Hz.

14. 1. Courbe verte : erreur de quantification

Courbe rouge : représentation numérique du signal

Courbe bleu : signal analogique

2. Le pas de quantification : ΔV = 1/6 V

L'erreur de quantification maximale : ε = 1/6 V

Ce sont les mêmes valeurs.

3. Pour diminuer l'erreur de quantification, il faut augmenter le nombre de bits de la numérisation.

Calcul de la taille d'un fichier audio

15. 1. Un bit est un nombre binaire représenté par les valeurs 0 ou 1.

2. Avec 8 000 échantillons chaque seconde quantifiés sur 8 bits, la transmission d'un son par téléphone nécessite un débit binaire de 64 000 $b \cdot s^{-1}$.

3. Le débit binaire d'une numérisation se calcule par le produit $f_e \times N_{bit}$.

4. En passant de la 4G à la 5G, il est possible de multiplier d'au moins par 10 la rapidité de la transmission de l'information !

16. 1. Sur le graphique on lit $T_e = \frac{1}{2\,822\,400}$ s donc f_e = 2 822 400 Hz.

2. Sur le graphique on voit que le signal codé ne peut prendre que 2 valeurs. On code donc sur un bit : soit 0 soit 1.

3. $N_{bit} = f_e \times 3 \times 60 \times 1 \times 2$ soit environ 1 Gbit.

4. En codant sur 1 bit, on facilite les conversions analogique numérique et inversement. Le codage est moins source d'erreurs.

Calcul d'un taux de compression

17. 1.

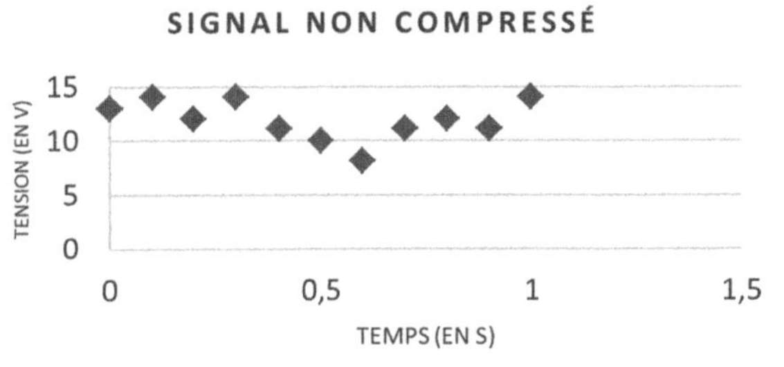

2. Il s'agit d'une compression non destructive car il n'y a pas de perte d'information.

3. Si on ne considère pas le stockage de la première valeur, on a un taux de $\frac{8}{2}$= 25 % car on stocke les variations sur 8 bits au lieu des valeurs sur 12 bits.

4. Cette compression n'est pas intéressante lorsque les variations d'amplitudes sont trop importantes.

18. 1. $Taux_1 = 1 - \frac{1}{4,41} = 77\ \%$ et

$Taux_2 = 1 - \frac{1}{7,35} = 86\ \%$ et $Taux_3 = 1 - \frac{1}{11,025} = 91\ \%$.

2. On trouve $f_e = \frac{5,76 \times 10^6 \times 11,025 \times 8}{3 \times 60 \times 8 \times 1} = 353\ kHz$.

3. Il y a une perte d'information entre le fichier original et le fichier compressé.

Comparaison de fichiers audio compressés

19. 1. Il est possible de réduire la taille d'un fichier audio en réalisant des compressions, destructives ou non.

2. Les formats de meilleures qualités sont les .wav et .flac. Ce sont des fichiers issus de compression non destructive. Les formats .mp2 et .ogg sont issus de compression destructive, la qualité est donc moins bonne mais la taille du fichier est beaucoup plus réduite.

Vers le BAC p. 235

20. L'efficacité d'une compression s'estime à partir du taux de compression :

$$\tau = 1 - \frac{\text{Taille fichier compressé}}{\text{Taille fichier initial}}$$

21. 1. La fréquence d'échantillonnage représente le nombre d'échantillons prélevés sur le signal analogique. Ces échantillons seront ensuite codés par des valeurs quantifiées dont le nombre dépend du nombre de bits de la conversion.

Pour 16 bits, on a 2^{16} valeurs quantifiées.

2. Le nombre de bits pour une voie est $N_{bits} = 16 \times 44\ 100 \times 2 \times 60 = 8,4672 \times 10^7$ bits = 10,6 Mo. On a ici un fichier de 20,1 Mo, il s'agit donc d'un son stéréo.

22. Sur le doc. 3, on lit la largeur de bande critique pour 1 kHz, $\Delta f = 200$ Hz. Cela signifie que deux sons autour de 1 kHz dont la différence de fréquences est inférieure à 200 Hz ne seront pas distingués par l'oreille.

Dans le doc. 2, on retrouve cela car deux sons de fréquence $f_1 = 950$ Hz et $f_2 = 1\ 050$ Hz sont confondus par l'oreille car $f_2 - f_1 < \Delta f$. Cependant deux sons de fréquence $f_1 = 900$ Hz et $f_2 = 1\ 100$ Hz sont distingués par l'oreille.

Cette notion de largeur de bande critique permet de supprimer dans un signal sonore des fréquences proches en les remplaçant par une seule fréquence d'amplitude différente. On a alors réalisé une compression destructive (en perdant de l'information) mais sans altérer la perception du son.

CHAPITRE 14 Entendre la musique

Manuel p. 236-253

I. Introduction

Commentaires pédagogiques

Dès le cycle 4, les notions de message nerveux et de centres nerveux ont été travaillées pour appréhender le fonctionnement du cerveau dans la réception et l'intégration d'informations multiples. Une sensibilisation au bon maintien de l'activité cérébrale, par l'analyse des perturbations occasionnées dans le fonctionnement du cerveau selon certaines situations ou consommations, permettent à l'élève de fonder ses choix de comportement responsable vis-à-vis de sa santé sur des arguments scientifiques.

Plus tard dans le cursus, en classe de seconde, le système nerveux est à nouveau étudié en analysant sa contribution dans la réalisation de la sexualité, par l'activation du système de récompense. Ainsi, l'identification des structures cérébrales et leurs relations entre elles a été étudiée permettant à l'élève d'avoir une vision non figée du cerveau.

Dans cette nouvelle approche pluridisciplinaire, les sons et leur combinaison harmonieuse sous forme de musique sont étudiés sous différents angles dont celui de la biologie. La compréhension de la perception de ces signaux sonores passe par l'étude de l'oreille, alors que dans l'ancien programme l'organe des sens de prédilection était les yeux. Il s'agit donc dans ce chapitre de comprendre comment s'effectue la réception des sons par l'oreille > Activité 1 p. 238-239, le codage > Activité 2 p. 240-241 puis l'interprétation par le cerveau > Activité 3 p. 242-243, permettant à l'être humain d'avoir une perception intégrée de son environnement > Activité 4 p. 244-245.

De plus, l'éducation à la santé se poursuit par une sensibilisation aux risques auditifs liés à une exposition à des sons de forte intensité.

Objectifs

- **→ Comprendre le rôle de l'oreille dans la réception et la transmission de la vibration sonore**
- **→ Repérer les conditions de la transformation dans l'oreille d'un signal mécanique en signal électrique**
- **→ Considérer l'importance du cerveau dans le traitement de l'information sonore**
- **→ Connaître les conséquences sur la santé d'une exposition à des sons de forte intensité**

BIBLIOGRAPHIE

Ouverture littéraire

Élisabeth Barillé est née à Paris, d'un père angevin et d'une mère d'origine russe. Elle est l'auteure de plusieurs romans, récits et biographies, *L'Oreille d'or* est son vingt-cinquième livre.

Entendre, mais d'une seule oreille. Ne pas entendre comme il faudrait, donc, à l'école, en société, chez soi, mais entendre autre chose, souvent, entendre mieux, parfois. Dans ce récit intime, Elisabeth Barillé évoque son handicap invisible, malédiction et trésor, qui l'isole mais lui accorde aussi le droit d'être absente, le droit à la rêverie, au retrait, à la rétention, voire au refus.

Ce récit autobiographique sur la malentendance cède le pas à une vision englobant la vie de l'auteure mais aussi des comparaisons où sont convoquées musiciens et écrivains souffrant du même mal.

- BARILLÉ (Élisabeth), *L'Oreille d'or*, Grasset, Paris, 2016.

Quelques autres ouvrages :

- SACKS (Olivier), *L'Homme qui prenait sa femme pour un chapeau*, Seuil, Paris, 1988.
- PACHET (François), *Histoire d'une oreille*, Buchet Chastel, Paris, 2018.
- COHEN (Laurent), *L'Homme thermomètre : le cerveau en pièces détachées*, Odile Jacob, Paris, 2004.

Ouvrages de référence

- MARIEB (Elaine), HOEHN (Katja), *Anatomie et physiologie humaines*, Pearson, Montreuil, 2018.
- CAMPBELL (Neil), REECE (Jane), *Biologie*, Pearson, Montreuil, 2009.
- LOUBÉLO (Eugène-Fernand), *Le Voyage intérieur du bruit : de l'oreille au cerveau*, Paari, Paris, 2018.
- CABÉRO (Alain), *De l'ouïe à l'audition : oreille, musique*, Non Verbal-A.M.Bx, Parempuyre, 1998.

Issus d'internet

- Test auditif pour determiner l'âge des oreilles : https://www.youtube.com/watch?v=VxcbppCX6Rk
- Comprendre la baisse d'audition : https://www.allodocteurs.fr/maladies/anatomie-du-corps-humain/comprendre-la-baisse-daudition_667.html
- Qu'y a-t-il derrière le tympan ? C'est pas sorcier : https://www.youtube.com/watch?v=eTNK-arU8fo
- Animation sur le son et l'appareil auditif : https://www.erasme.org/libre/cgj/les_effets_du_bruit/oreille.htm

Sites internet

- Voyage au centre de l'audition : http://www.cochlea.eu
- Audition humaine : https://planet-vie.ens.fr/content/audition-humaine
- Application « IRM virtuelle » : http://philippe.cosentino.free.fr/productions/IRMvirtuel/
- Le système auditif humain : http://outilsrecherche.over-blog.com/pages/Notes_111_Le_Systeme_Auditif_Humain-3080878.html
- Broca, Wernicke et les autres aires du langage : http://lecerveau.mcgill.ca/flash/a/a_10/a_10_cr/a_10_cr_lan/a_10_cr_lan.html

II. Corrigés

Ouverture p. 236-237

1. Pour accorder son instrument, les musiciens utilisent un diapason, qui quand on le frappe émet une note. Il existe différentes tailles de diapasons : plus il est long, plus la note est grave. Le diapason le plus utilisé est celui qui émet le « La 440 » qui sert de référence. C'est aussi cette tonalité que l'on entend en décrochant un téléphone fixe.

2. Dans l'oreille interne, l'organe de Corti situé dans la cochlée permet de convertir un signal mécanique en signal électrique grâce aux cellules ciliées qui possèdent des stéréocils dont la longueur est de l'ordre du micromètre. Les mouvements des cils permettent l'ouverture des canaux potassiques, ce qui entraîne une dépolarisation de la membrane et la formation du message nerveux.

Activités p. 238-245

Activité 1

- **Durée estimée :** 40 min
- **Objectif :** Relier l'organisation de l'oreille externe et de l'oreille moyenne à la réception et la transmission de la vibration sonore.

1. L'audiogramme d'un individu ayant une bonne audition présente des pertes inférieures à 10 dB, par les deux méthodes de détection, tandis que pour une personne ayant une surdité de transmission, l'audition aérienne met en évidence des pertes importantes comprises entre 35 et 45 dB.

2. $\frac{S_t}{S_e} = \frac{60}{3} = 20$

La surface de la fenêtre ovale (correspondant à celle de l'étrier) est 20 fois plus petite que celle du tympan donc la pression qui s'y exercera sera amplifiée.

3. Les surdités de transmission sont dues à un problème de transmission des signaux sonores de l'oreille externe et moyenne vers l'oreille interne, à cause de l'absence de vibration du tympan ou des osselets.

Synthèse :

	Oreille externe	Oreille moyenne
Anatomie	Pavillon, conduit auditif	Tympan, osselets
Rôle	Collecte et canalise les sons	Amplifie et transmet le son

Activité 2

- **Durée estimée :** 40 min
- **Objectif :** Relier la structure des cellules ciliées à la perception du son.

1. Les vibrations de l'étrier, transmises via la fenêtre ovale, entraînent des mouvements dans les liquides de la cochlée qui font bouger les cils des cellules ciliées de l'organe de Corti. Cette déformation entraîne une entrée d'ions dans la cellule et la création d'un message nerveux qui sera acheminé au cerveau via le nerf auditif. On a donc transformation d'une énergie mécanique en énergie bio-électrique.

2. La membrane basilaire constituant le plancher de l'organe de Corti se déforme avec un maximum d'amplitude en un lieu qui dépend de la fréquence des vibrations. Elle décompose ainsi les sons selon leur fréquence : à la base pour les fréquences élevées (sons aigus), à l'apex pour les fréquences basses (sons graves).

3. Pour la surdité de transmission, l'acoumétrie montre un test de Rinne négatif (CO > CA) et un test de Weber latéralisé du côté de l'oreille malade, c'est-à-dire une diminution de l'audition par la voie aérienne et une audition conservée par la voie osseuse. Cette surdité est due à un défaut dans le système qui transmet le son (l'oreille externe et/ou moyenne).

Pour la surdité de perception, l'acoumétrie montre un test de Rinne positif (CA > CO) et un test de Weber latéralisé du côté de l'oreille saine, donc une diminution de l'audition au niveau de la voie aérienne et de la voie osseuse. Elle concerne la partie qui réceptionne le son et l'envoie au cerveau (l'oreille interne et les voies nerveuses auditives).

Synthèse :

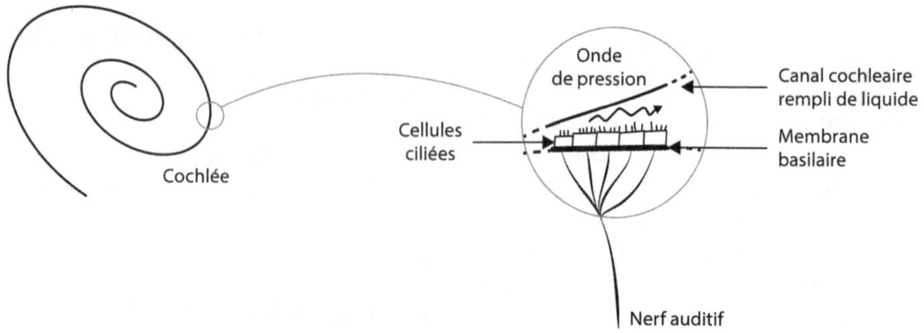

Schéma du fonctionnement de l'oreille interne

Activité 3

- **Durée estimée :** 40 min
- **Objectif :** Interpréter des données d'imagerie cérébrale relatives au traitement de l'information sonore.

1. Les messages nerveux provenant de l'oreille transmettent des informations sur la hauteur, l'intensité, la localisation et le rythme du son.

2. La représentation tonotopique de la membrane basilaire est reproduite au niveau du cortex auditif primaire.

3. Les nouvelles techniques d'imagerie cérébrale (IRMf, MEG) permettent de mieux comprendre le traitement de l'information sonore car grâce à ces image il est possible d'identifier un son, une musique et de dresser ainsi une carte fonctionnelle du cerveau auditif.

Synthèse :

Émission d'un message nerveux au niveau de la cochlée → Passage par plusieurs relais → Arrivée du message dans le cortex auditif primaire → Traitement par la zone d'associations auditives → Construction d'une représentation mentale de l'environnement

Activité 4

- **Durée estimée :** 40 min
- **Objectif :** Relier l'intensité du son au risque encouru par l'oreille.

1. Les deux facteurs principaux qui influencent les dommages de l'exposition au bruit sont le niveau d'intensité sonore et la durée d'exposition pour une fréquence donnée.

2. L'audiogramme d'un individu avec une surdité de perception présente des pertes de plus en plus importantes en fonction de la fréquence envoyée, quelle que soit la méthode de détection utilisée.

3. À partir de 85 dB, le son commence à devenir dangereux et à 120 dB, il se produit une destruction irréversible des cellules ciliées avec des pertes temporaires ou permanente de l'audition (sifflements, bourdonnement,...)

Synthèse :

La législation européenne impose un seuil maximal pour le son émis dans les discothèques de 105 dB mais ce seuil n'est pas assez restrictif car une écoute de 107 dB pendant 1 min/jour suffit à provoquer des dommages qui peuvent être irréversibles. Il s'agit donc d'un véritable problème de santé publique.

Apprendre à apprendre p. 250

1. Les trois parties de l'oreille sont : l'oreille externe (pavillon et conduit auditif), l'oreille moyenne (tympan, osselets), oreille interne (cochlée, nerf auditif).

2. Pavillon → captation des sons ; conduit auditif → transmission des sons ; tympan et osselets → amplification des sons ; cochlée → conversion en message nerveux ; nerf auditif → transfert jusqu'au cerveau.

3. Cochlée : (1845) du latin *cochlea* (« escargot »). L'organe de l'oreille interne est en forme de colimaçon.

4. 1 : oreille externe ; 2 : oreille moyenne ; 3 : oreille interne ; a : pavillon ; b : tympan ; c : osselets ; d : membrane basilaire ; e : cochlée déroulée.

5. L'oreille reçoit la musique mais c'est le cerveau qui lui donne du sens.

S'entraîner

p. 251-252

Réception et transmission de la vibration sonore

15. 1. L'exostose est une obstruction osseuse du conduit auditif externe, due à des agressions répétées et qui est à l'origine d'otites très douloureuses.

2. À l'oreille gauche, le test de l'audition aérienne met en évidence des pertes importantes, indiquant une surdité de transmission, due sans doute à l'obstruction du conduit auditif, pour cette personne atteinte d'exostose.

16. Le loup entend mieux que l'être humain grâce à la mobilité de ses oreilles qui lui permettent de capter et d'amplifier les sons dans toutes les directions. De plus, il perçoit des fréquences aiguës supérieures à 20 kHz correspondant aux sons émis par des petits rongeurs.

17. L'appareil auditif du chat présente de nombreuses similitudes avec celui de l'être humain : une oreille organisée en trois parties avec les mêmes fonctions que chez l'être humain. Par contre, chez le chat, le pavillon des oreilles est plus grand, pointu et le conduit auditif est également plus long, ce qui permet ainsi au chat de mieux capter les sons.

18. 1. À l'aide de la loi des sinus, on obtient dans le triangle constitué des longueurs a, b, c (c = 0,3 m) :

- $a = \dfrac{0{,}3 \times \sin(60{,}5)}{\sin(0{,}5)} = 29{,}92 \text{ m}$
- $b = \dfrac{0{,}3 \times \sin(119)}{\sin(0{,}5)} = 30{,}07 \text{ m}$

2. On calcule alors l'écart de réception entre les deux oreilles : $\dfrac{30{,}06 - 29{,}92}{340} = 4 \times 10^{-4}$ s, soit environ 0,4 ms.

Transformation d'un signal mécanique en signal électrique

19. 1. La courbe de niveau 0 est celle en pointillés et celle correspondant au seuil de douleur est celle correspondant à 120 dB.

2. La courbe de niveau 0 présente un minimum vers 4 000 Hz donc la sensibilité de l'oreille est maximale autour de 4 000 Hz. Il s'agit de sons aigus.

3. Pour une fréquence de 50 Hz, le niveau sonore perçu par l'oreille sera de 60 dB et pour une fréquence de 100 Hz, le niveau sonore perçu par l'oreille sera de 75 dB.

4. Le son de 100 Hz sera perçu avec la plus grande intensité sonore.

20.

	Être humain	Serpent
Capter et conduire le son	Oreille externe	Mâchoires inférieures posées sur le sol
Amplifier les sons	Oreille moyenne	
Conversion en message nerveux	Oreille interne avec une cochlée	

Comparaison du mode de fonctionnement de l'oreille du serpent et de celle de l'être humain

21. 1. 0.25 % × 1 500 = 3,75 Hz, donc l'intervalle centré est [1 496,25 ; 1 503,75].

2. Un ton à tempérament égal correspond à $2^6 = 1{,}12246$. On calcule donc le quotient $\dfrac{0{,}5}{12{,}246} = 4$ % d'un ton.

L'importance du cerveau dans le traitement de l'information sonore

22. L'imagerie cérébrale permet de mieux comprendre l'origine des hallucinations auditives. Chez une personne saine, les pensées seront traitées uniquement par deux aires : celle de Broca et de Wernike, respectivement pour la production et la compréhension du langage. Chez une personne schizophrène, les pensées seront en plus traitées par l'aire auditive, comme pour un discours entendu.

C'est donc l'activation de l'aire auditive, lors des pensées, qui est à l'origine d'hallucinations auditives.

23. 1. L'activation des aires du cerveau (en rouge) est différente en fonction du type d'enregistrement écouté. Dans tous les cas, l'aire visuelle occipitale est toujours activée. Par contre, l'histoire seule active l'aire auditive droite tandis que la musique seule active l'aire auditive gauche.

2. L'hémisphère droit, activé par le langage, gère la formulation et la compréhension du sens des mots tandis que l'hémisphère gauche, activé par la musique, perçoit les autres sons.

Conséquence des sons de forte intensité sur la santé

24. 1. On obtient après soustraction ou addition le tableau suivant.

		Au début des troubles		
		Supportables (en %)	**Insupportables** (en %)	**Total** (en %)
Après prise en charge et traitement	Supportables (en %)	27	*18*	45
	Insupportables (en %)	*24*	14	*38*
	Disparus (en %)	9	*8*	*17*
	Total (en %)	60	*40*	100

2. 38 % de 67 millions donne 25,46 millions de Français souffrant d'acouphènes.

3. D'après le tableau, 17 % ont vu leurs troubles disparaître, ce qui traduit une faible efficacité.

Vers le BAC p. 253

25. La musique, qui est considérée comme une onde sonore, est captée par le pavillon de l'oreille puis amplifiée et transmise dans le conduit auditif jusqu'au tympan. La transmission et l'amplification de la vibration du tympan jusqu'à la fenêtre ovale de la cochlée sont assurées par la chaîne des osselets (marteau, enclume et étrier). La déformation de la fenêtre ovale génère alors des ondes de pression qui sont transmises dans les liquides de la cochlée. Ces vibrations sont ensuite détectées par les cils des cellules ciliées de l'organe de Corti et transformées en influx nerveux qui seront acheminés au cerveau *via* le nerf auditif. Après plusieurs relais, le message nerveux arrive dans le cortex auditif primaire puis est traité par différentes aires associatives qui interprètent ce message comme de la musique.

26. 1. À 6 m, le niveau sonore d'une clarinette est de 80 dB et à 12 m, il est de 74 dB.

2. À 6 m, le niveau sonore d'une grosse caisse est de 107 dB, à 12 m il est de 101 dB, à 24 m il est de 95 dB et à 48 m il est de 89 dB. Pour écouter une grosse caisse, il faut donc se placer au moins à 48 m.

27. Comment profiter d'un concert en plein air sans risque auditif ? Afin d'éviter les troubles auditifs qui peuvent apparaître temporairement ou de façon permanente, en fonction de la gravité des lésions des cellules ciliées, suite à un concert, l'État réglemente le niveau sonore des établissements qui en diffusent à 102 dB (doc. 1).

Mais cette limitation ne tient pas compte de l'exposition à d'autres sources sonores. On estime la quantité de son à ne pas dépasser chaque semaine à une dose, qui est de 45 minutes de concert à 105 dB ou 2 h à 100 dB (doc. 2).

Les doses de son s'additionnent, donc la semaine du concert il vaudrait mieux ne pas écouter de la musique, ou alors à un niveau sonore très faible (doc. 2).

Une autre recommandation est l'utilisation de bouchons d'oreille qui atténuent le son (doc. 3). Idéalement, il faudrait des bouchons de musicien, dont l'atténuation est quasiment la même en fonction des fréquences et qui préservent ainsi les qualités du son.

De plus, il vaut mieux choisir des places situées assez loin des sources sonores (instruments, haut-parleurs).

En respectant toutes ces recommandations il est alors possible de profiter d'un concert en plein air sans risque auditif, tout en gardant intacte la qualité du son.

N° d'éditeur : 2018_1135 – Dépôt légal : septembre 2019 – N° d'imprimeur : I19/59309N
Imprimé en France en septembre 2019 par l'Imprimerie Maury S.A.S. à Millau (12)
PEFC 10-31-2774 / Certifié PEFC / Ce produit est issu de forêts gérées durablement et de sources contrôlées. / pefc-france.org